Jo-Jo

Fibel
Grundschule Bayern

Ein Leselehrgang von
Nicole Namour

Bearbeitet von
Andrea Wimmer
(Bad Feilnbach)

Illustriert von
Thorsten Saleina
Maria Aurelio

Fachliche Beratung
zur Silbenstrategie
Günter J. Renk

Cornelsen

Inhaltsverzeichnis

Wörter-Spielwiese	3	
Ich – Du – Wir	13	
Herbst	23	
Natur entdecken: Tiere	29	
Räuber-Märchen	37	
Winter	43	
Zeiten und Räume	51	
Das bin ich	59	
Freizeit	67	
Frühling	73	
Vorhang auf!	79	
Natur entdecken: Pflanzen	85	
Wie wir leben	91	
Sommer	99	
Ich liebe Bücher	103	

---

 mit der Schreibtabelle schreiben

 sprechen, laut lesen

 Laute abhören

 schreiben

 malen

 sprechschwingen, sprechschreiben

 Silbenkönig, Vokal

 Differenzierungsaufgabe; Wahlaufgabe

 Textwerkstatt
Die Aufgabe zum Text steht auf Seite 138.

 Partnerarbeit oder -spiel:
- ICH und DU als Paar
- WIR als Gruppe
- ICH ➤ DU mit mir ➤ WIR alle

Die farbigen Silben helfen beim Lesen.

In jeder Silbe ist ein Silbenkönig!

Wörter-Spielwiese

Guten Tag!

Bonjour!

Good morning!

Добрый день!
Dobryi den!

Ottos
Mops
hopst.

καλημέρα!
kalimera!

Grüß Gott!

???

Tina
Tino

Tino

Tino
● ● ● ●

 T ● n ●

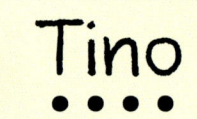 T ● n ●

T ● ● ● ●

 ●  ●  ●  ●

 O ● a

 ● o ● e

 ● o ● a

 Nas ● or ●

 T ● m ● te

 In ● i ● ner

12

Ich – Du – Wir

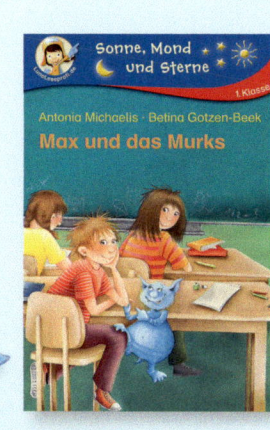

I i

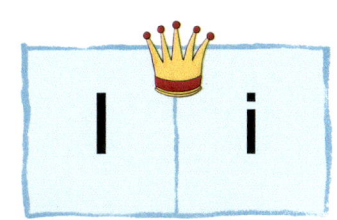

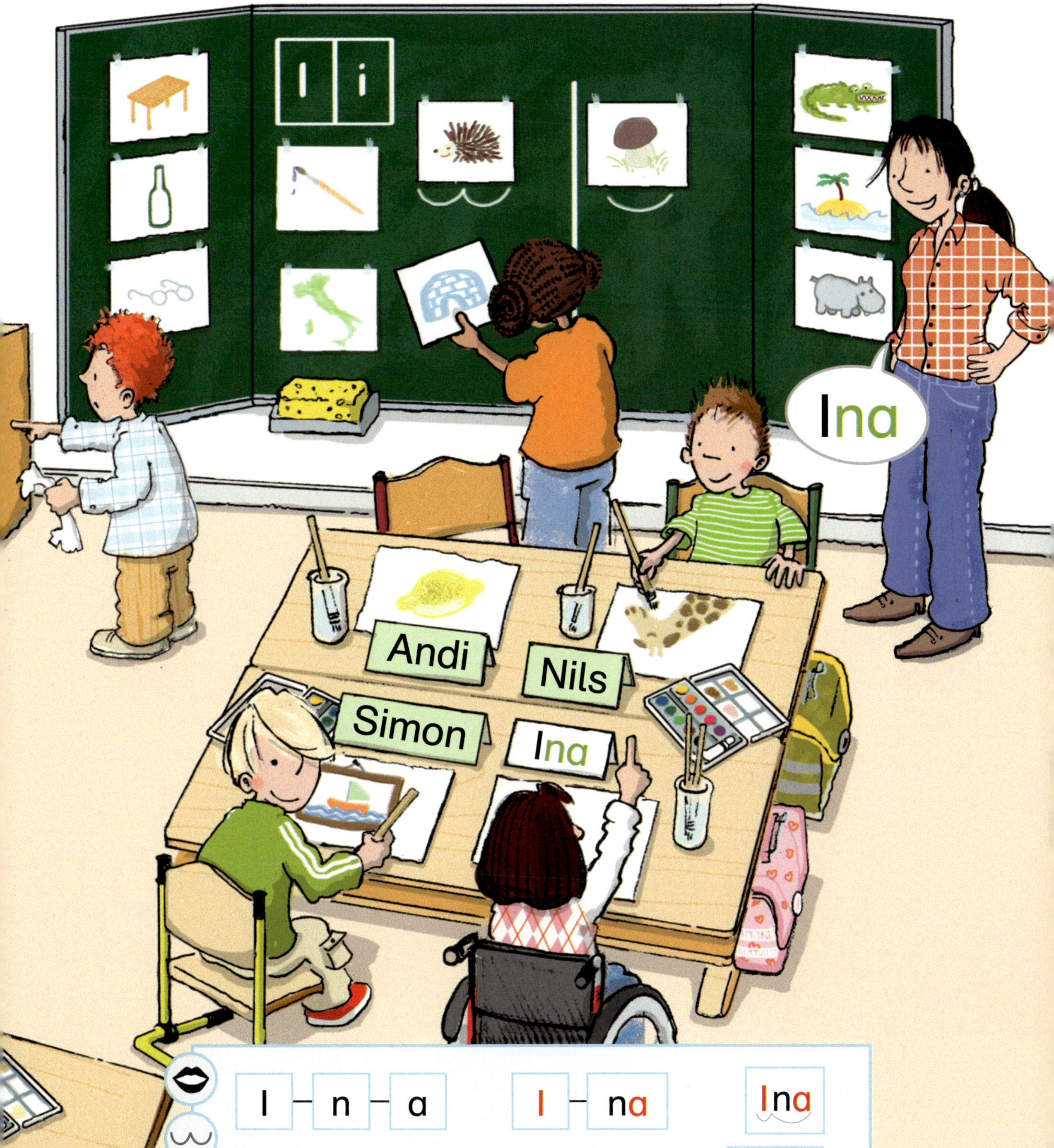

I – n – a	I – na	Ina
I - n - a	Ti – na	Tina

Mama mit Tino

Oma mit Tina

Tino mit Tina

Ma	O	Ti	Mi	To	Mo
na	mo	ni	ma	no	mi

Herbst

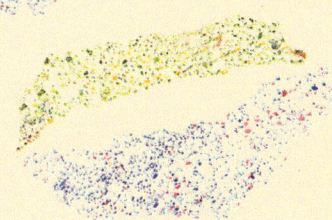

Natur entdecken: Tiere

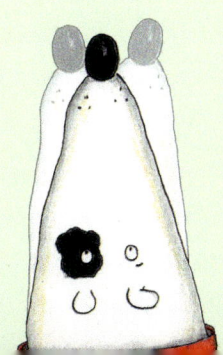

E e

Alle Esel essen Salat.

An Tinos Nase ist Salat.

Tante Lena ist nett.

Elefanten
Lamas
Kamele

N	a	s	e

Na	se

T	a	n	t	e

Tan	te

Tina ist am See.

Essen alle Enten Salat?

Tinas Mantel ist nass!

Im Park

Ooo!

E - n - t - e - n   e - s - s - e - n

En - ten   es - sen

P p

Tino ist mit Papa

im Sessel.

Alle lesen mit Opa.

Italien
Pisa

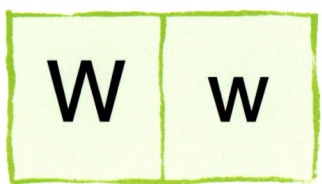

Tina will etwas wissen.

Wann will Polli essen?

Will Polli an Mamas Wolle?

Was will Polli?

Tina will etwas wissen

Tina will

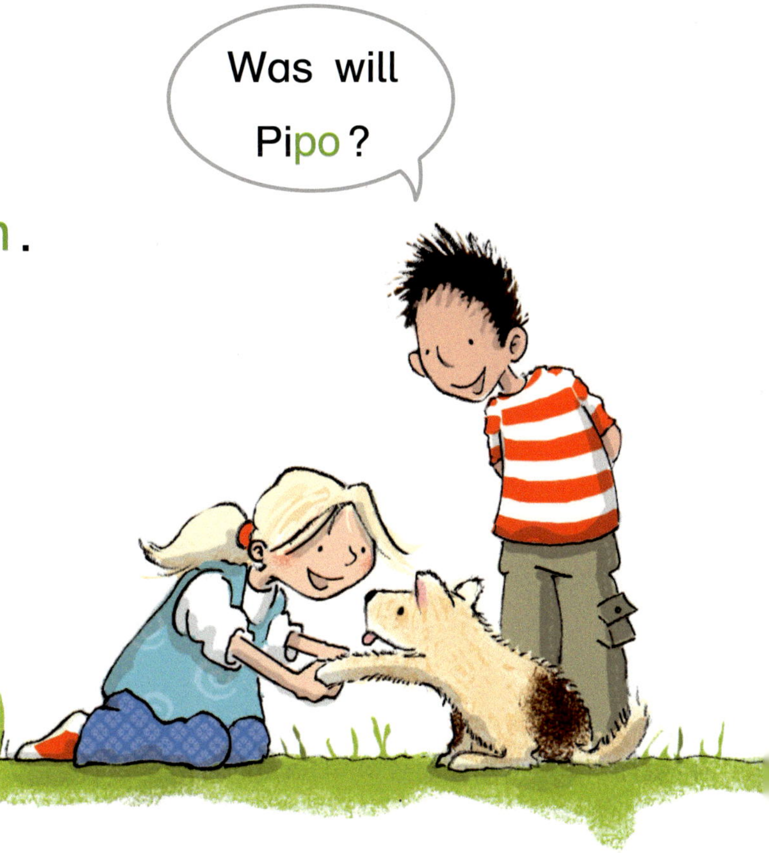

Tino will etwas wissen.

Was will Pipo essen?

Will Pipo Salami?

"Was will Pipo?"

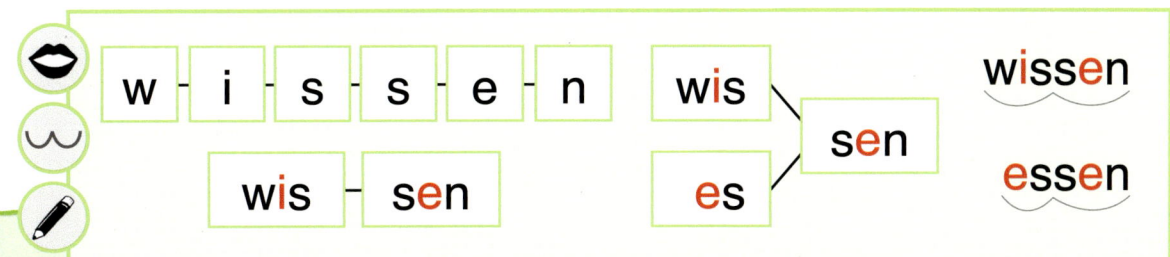

35

1. Was ist an Tinos Nase?
2. Wo essen Enten Salat?

→ S. 30/31

E | e

3. Mit wem ist Tino im Sessel?
4. Passt Paola in Papas Mantel?

→ S. 32/33

P | p

5. Was will Tina wissen?
6. Nenne 2 Namen mit P.

→ S. 34/35

W | w

Wo …?   Wann …?   Mit wem …?

Was …?   Womit …?

Räuber-Märchen

R r

Rosen – Ritter – Piraten?

Alle wollen raten.
Rate mit!

Was ist rot?

Wer rettet wen?

Wartet er am Tor?

 Tor   Ritter   wer Retter   er   wartet

Rolo rettet Rosali

Ei ei

Es war einmal ein Ritter.
Sein Name war Rolo.
Er war ein toller Reiter.

① Rosali wartet
an einem Tor.
Rosali ist so rosa.

② Ein Pirat will Rosalis Perlen.
Ritter Rolo ist
als Erster am Tor.

③ Er rettet Rosali
mit einem Eimer.

④ Will Rosali Rolos Rosen?

Es war einmal …

m🥚n 🥚mer   🥚n 🥚s
mein Eimer   ein Eis

D d Eine Reise ins All

Wer ist denn das?

Das ist der Mann in der Sonne.

der die das
da des dir
denn dann dort

Nenne deine Ideen:

Mit wem
redet der Mann?

Malt der Mann?
Was ist in dem Eimer?

Der Mann ist mit einem Seil
an einem Sonnen…

Dort ist er in der Wanne.  Male den Mann im All.

Dreimal

	1		2		3
·	Rosali	·	rettet	·	an einem Tor.
:	Ritter Rolo	:	wartet	:	in der Wanne.
∴	Der Pirat	∴	redet	∴	mit einem Eimer.
::	Ein Reiter	::	rodelt	::	in Opas Sessel.
:·:	Der Mond	:·:	poltert	:·:	mit Tinas Mantel.
:::	Ein Mann	:::	reitet	:::	in einem Nest.

Ritter Rolo redet mit Tinas Mantel.

retten   warten   reden   reiten
er rettet   er wartet   er redet   er reitet

Winter

Im Winter

ist es

drinnen

warm ...

So ist der Winter ...

U u

● Dann rennt Tino als Erster los. Da! Tino rudert mit den Armen.

▲ Alles ist nass. Tino und Tina warten an der roten Ampel.

Was passt denn wo?

◆ Tina umarmt Tino:

Du Armer!

So ein Unwetter!

■ Umsonst!

Was soll Tino nun tun?

Nun rennt Tina los.

F f

Tinos Anruf

Am Fenster ist Frost.

Drinnen ist es warm.

Im Ofen ist eine Flamme.

Tino ruft Tina an.

Das tut er oft.

Tina, sollen wir uns treffen?

 ...

 1

Opa will uns mit Polli filmen.

 ...

 2

| uns | dann | am | er | mit | war |
| und | denn | im | es | mir | was |

Wann?
Sofort?

...fast...

Was musst du denn tun?

...Feier...
...Fotos...

Na, dann erst um 5!
Fein, Tina.

Nun muss Opa warten.
Das findet er doof.
Er ...

Frost	drinnen	warm	fein
Rost	innen	arm	ein

H h

Tino ist ...

Schnee-Hasen im Winter

Tino hat Husten. Er ist heiser und sein Hals ist rot.

Mama holt warmen Tee und Hustensaft.

Das ist Holunder-Tee. Der wird dir helfen und den Husten heilen.

Was passt: der, das oder ...? 🟢 Artikel

Nomen

Paola will helfen

ie

Tino niest und niest.
Paola holt Polli.

Mama ruft:
„Paola,
was tust du denn da?"

Sie antwortet dies:
„Polli muss Tino helfen.
Der Husten ist fies.
Der Tino ist so arm
und die Polli ist so warm!"

Sofort nimmt Mama
Polli wieder herunter.
„Halt, halt, Paola!
Hier ist nun Ruhe!"

Nie wieder niesen
wie die Riesen
in den Wiesen!

Unser Winterheft

① Mit dem Papier will Anton etwas falten.

② Tina malt einen tollen Winterhut mit Federn.

③ Den Hasen heftet Tino an seine Fotoseite.

④ Das findet Anita im Winter toll.

Mein Winterhut

Tiere im Winter

Meine Winteridee

Das ist im Winter toll!

Das Wasser im See friert. Es wird Eis.

Und du? Was willst du mit deiner Seite tun?

 Feder Winter   Wasser Falter

Zeiten und Räume

Winter

Sommer

Das ist toll im …

Z z

Niemand hat Zeit

Es ist 7 Uhr.
Alle sind in Eile.
Zuerst muss Mama mit Pipo zum Arzt.
Dann muss sie sofort zur Firma.

Es wird hell.
Pipo zerrt an der Leine.
Leon ist in seinem Zimmer.

Es wird Zeit.
Mama ruft:
„Leon, hast du den Zettel?
Hast du alles in deinem Ranzen?
Leon, in zwei Minuten musst du los!
Leon, du musst deinen Mantel anziehen!"

Was tust du um   ?

Dann ruft Mama:

„Tina, hast du deinen Tee?

Tina, du musst etwas essen!"

Tina ruft Mama zu:

„Mama, wann willst du mal wieder

mit uns zusammen essen?"

Mama nimmt Tina

in den Arm.

Sie antwortet zart:

„Es tut mir so leid, Tina.

Um eins essen wir alle zusammen."

Tina ist zufrieden.

zu	zu	zu	zu
zur	zum	zuerst	zusammen

B b

Bei Tinas Bruder Leon

Leon ist Tinas Bruder.
Beide sind in Leons Zimmer.
Sie toben mit Pipo.
Da ruft Mama: „Leon, Tina!
Seid bitte leiser!"

Leon ruft: „Tina, wollen wir
Mama ein Bild malen?"
Tina antwortet: „O, toll!
Was wollen wir denn malen?"
Leon holt ein Blatt Papier:
„Ein Fantasietier? Oder Blumen?"
Tina: „Wir malen ein Fantasietier,
bunte Blumen und Luftballons."

Leon und Tina malen.

Es ist nun leise in Leons Zimmer.

Dann ist Mama da.

„Wir malen dir ein Fantasietier", rufen Leon und Tina.

„Das ist aber lieb!", findet Mama.

„Das ist ein besonderes Bild.

Wir sollten es an die Pinnwand heften."

Ch ch

Wenn es Nacht ist in China

Tino ist bei Tina und Leon zu Besuch.
Die beiden lesen in einem Buch.
Tina ruft: „Tino, dieses Buch ist echt toll!"

Sie sucht eine Seite.
„Wenn in China Nacht ist,
ist es bei uns noch hell!"

Tino wundert sich:
„Wieso das denn? Bist du sicher?"

Tina antwortet:
„Doch, ich bin sicher!
Immer nur ein Teil der Erde
hat Sonnenlicht.
Der andere Teil aber nicht."

 wie : Licht   sicher   ich   nicht
       Milch

Tino meint:
„Ach, so! Und China ist
im anderen Teil der Erde!
Ist denn in China immer Nacht?"

Leon muss lachen:
„Nein, Tino.
Die Planeten drehen sich doch
um sich selbst.
Wenn bei uns dann Nacht ist,
wird es in China wieder hell."

Tina und Tino rufen im Chor:
„Weil dann die andere Seite der Erde …"

wie 📘 : Na**ch**t Besu**ch** la**ch**en Bu**ch**

aber: **Ch**or **Ch**ristus

Wenn es Nacht ist in China, …

… lacht in Italien die Sonne.

… arbeiten meine Eltern.

… tobe ich durch mein Zimmer.

… bin ich mit Papa noch im Zoo.

… ist es mir hier zu hell.

… male ich Mama ein Bild.

… lese ich in einem Buch.

Was machst du, wenn in China Nacht ist?

58

Das bin ich

Manchmal ist mein ICH ein buntes Durcheinander.

Manchmal hat mein ICH eine Farbe.

Male dein ICH.

Welche Farbe hat das Lachen?

Welche Farbe hat die Wut?

JEDER TAG HAT EINE FARBE
Von Dr. Seuss

Das ICH unter meiner Haut

Manchmal finde ich mich toll.
Dann lache ich und tobe herum.

Manchmal finde ich mich auch doof.
Dann brauche ich dich,
damit du mir Mut machst.

Ich mache Urlaub.

Manchmal bin ich faul und
brauche eine Pause.
Ich will Mama nicht helfen.
Dann suche ich eine prima Ausrede.

Wenn ich Wut habe,
will ich oft
am liebsten
fortlaufen.

Manchmal will ich horchen,
wie laut mein Herz
unter der Haut pocht.

Manchmal ist in meinem Zimmer
ein Durcheinander.
Dann ist Papa sauer auf mich.

Manchmal habe ich einen tollen Traum.
Darin sause ich
mit einem Auto aus Federn
in den blauen Himmel.

Wenn ich mich
nicht traue,
etwas zu tun,
habe ich
ein Zittern
im Bauch.

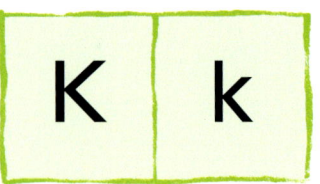

K k Kinder, Kinder …

Die Eltern horchen an Tinos Zimmer.
Dann kommt Papa herein.
Er ruft: „Macht doch die Musik leiser!
So ein Krach! Das ist zu laut!
Was ist denn hier los?"
Alle kichern und lachen.

Tina klettert und tastet
auf dem Bett herum.
Sie ruft: „Das Kissen ist weich!
Das Paket ist hart!"

Paola kostet die Paprika.
„Iii, die ist aber bitter!"

Tino riecht an dem Kaktus.
„Aua, … der duftet nicht!"

	riechen	sehen
	horchen	tasten

Verben

Papa rauft sich die Haare:
„Kinder, Kinder, ... das alles
will ich lieber nicht sehen."

Tino kichert: „Wir lernen unsere Sinne kennen."
Paola ruft frech:
„Papa, kannst du nur so toll sehen und horchen?
Oder kannst du auch super tasten und riechen?"

Papa antwortet: „Klar, kann ich das!"
Dann testen die Kinder Papas Sinne:

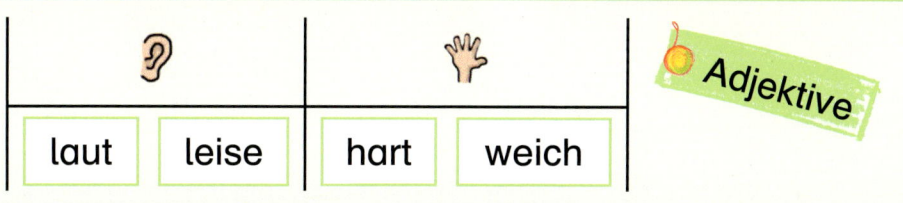

| laut | leise | hart | weich |

Kartoffeln und Börek

Frau Löber möchte wissen, was die Kinder oft essen.
Alle Kinder rufen durcheinander.

Obst!

Kartoffel-Salat!

Brötchen mit Marmelade!

Börek!

…

…

Öl-Sardinen!

Pizza mit Salami!

Bonbons und Eis!

Döner Kebab!

Frau Löber ruft: „Nun aber mal der Reihe nach!
Hört bitte den anderen erst einmal zu."

 Was isst du oft?
 Was essen die Kinder anderswo auf der Welt?

Über unser Essen

Frau Löber malt eine Tabelle an die Tafel.
Über der Tabelle lesen die Kinder eine Zeile:

Was müssen wir öfter essen?		
Obst	???	andere Sachen
Bananen	Kartoffeln	Bonbons
Birnen	Paprika	Nüsse
Mandarinen	Tomaten	Eis
Weintrauben	Kürbis	Müsli
…	…	…

Tino brüllt: „Zwei Sachen passen nicht dahin!"
Frau Löber meint: „Würdest du dich
bitte melden?"

Obstsalat – Mein Rezept

Du brauchst:
- Bananen, Birnen oder anderes Obst
- Nüsse oder Mandeln
- Rosinen oder Kokos-Raspeln
- etwas Zitronen-Saft und
  Ahorn-Sirup

Wir erfinden Monster-Wörter

Sau-er-kraut-sup-pen-löf-fel

Das ist meine …
    Kann-…
    Kann-alles-…
    Kann-alles-riechen-…
    Kann-alles-riechen-Nase.

Das liebe ich über alles:
    Erdbeer…
    Erdbeermarmeladen…
    Erdbeermarmeladenbrötchen

Wein
Weintrauben
Weintraubensaft
Weintraubensaftrezept
Weintraubensaftrezeptbuch

Manchmal
Manchmal habe
Manchmal habe ich
Manchmal habe ich einen
Manchmal habe ich einen Mitter…
Manchmal habe ich einen Mitternachts…
Manchmal habe ich einen Mitternachtszauber…
Manchmal habe ich einen Mitternachtszaubertraum.

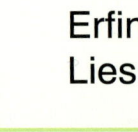 Erfinde selbst solche Monster-Wörter.
Lies sie dann mit einem Partnerkind.

Freizeit

Am liebsten
lese ich
in meinem
Bett.

Tino

Willst du
mit mir
eine Fantasie-Reise
machen?

Tina

Am liebsten …

Sch sch

Nach der Schule

Die Schule ist aus.

Tino und Tina sind schon fast an der Tür.

Da ruft Tina auf einmal:

„Tino, schau mal! Da ist eine Plakat-Wand!

Wollen wir ins Schwimmbad?"

„Nein, lass uns lieber die Dinos anschauen."

„Nein, lass uns fernsehen!"

„Nein, lass uns etwas lesen!"

„Nein, lass uns einen Brief schreiben."

„Nein, lass uns Fische malen!"

Tina schmollt: „Das ist blöd!"

Dann holt sie schnell

einen Zettel aus der Tasche.

Sch	sch
Schule	…

Freizeit-Tipps

LESEN
Bücher
Briefe
im Internet
Zeitschriften
Comics

Zirkus Ronaldo
Tiger, Elefanten und Kobras!
Zauberer und Akrobaten!
11.11. bis 10.04.
in München

Museum für Naturkunde
Di, Mi, Fr 9:00 – 17:00
Do 9:00 – 20:00
Sa, So 10:00 – 18:00
Kinder: Eintritt frei!

Malen, Basteln …
- Fische malen
- Schiffe basteln

- Tierbilder sammeln
- Flaschenpost schreiben

Im Fernsehen
MO–FR – 16:18
Logo!
Die Welt und ich.

SO – 11:30
Die Sendung mit der Maus

SO – 16:00
Willi will's wissen

Sport
rennen
klettern
schaukeln
Inline-Skaten
Fußball spielen
schwimmen

Was ist dein Tipp?

A = ▲   O = ↑   L = ▶
E = 🗄   U = ↓   N = ~   S = ⚭

▶▲⚭⚭   ↓~⚭
▶↑⚭🗄~!

Was ist denn das für eine komische Schrift?

G g

Simon gegen Andi

Simon und Andi gehen zur Wiese.
Dort holt Andi einen gelben Ball
aus seiner Tasche.
Simon ruft: „Das ist doch Antons Ball!
Den hat er gestern überall gesucht!"

Andis Gesicht wird ganz rot.
„Gar nicht! Das ist mein Ball!
Den hat mir mein Bruder gegeben.
Du kannst Tino fragen.
Der hat es genau gesehen!"

Da kommt Anton und grinst:
„Aber, mein Ball ist doch grün."
Nun wird Simon ganz rot:
„Tut mir echt leid, Andi!"
Anton tritt gegen seinen Ball.

Aufgabe für kluge Forscher:
Wer ist gerade Weltmeister?

ICH ▸ DU ▸ WIR
Warum werden
Simon und
Andi rot?

Augen-Rätsel

Tino hat sich ein Buch geliehen.

Die Mädchen blättern wie wild darin herum.

Tino greift Paolas Ärmel und fragt:

„Hallo? Lässt du mich nun bitte mal an das Buch?"

Paola lächelt: „Aber nur, weil du älter bist als ich!"

Tino zeigt den Mädchen etwas:

„Die Seiten mit den Augen-Rätseln gefallen mir gut!"

Sind die grauen Linien schräg oder gerade? Lege ein Lineal an.

Drehen sich hier Räder?

Ätsch! Reingefallen!

Freizeit-Gedichte

F reie Zeit
R ätsel lösen
E cht tolle Bücher lesen
I m Internet surfen
Z usammen schaukeln
E ndlich Zeit zum Basteln
I ns Schwimmbad gehen
T ausendmal besser als …

F _____
R _____
E _____
U _____
N _____
D _____
E _____

S _____
O _____
N _____
N _____
T _____
A _____
G _____

Wer macht was am freien Tag?

Die Elefanten
polieren Diamanten.

Die Forellen
üben Knurren und Bellen.

Gerda Anger-Schmidt

Die Giraffen
küssen Affen.

Der Tino
rennt ins Kino.

Die Tina
fliegt nach …

Der Fisch
tanzt auf dem …

Der Geier
brät sich …

Frühling

Es war ein schöner Morgen.
Der alte Pettersson stand
im Gemüsegarten und schaute
sich um und prüfte die Erde.

„Es ist so weit", sagte er. „Heute können wir Gemüse säen."
Pettersson grub das Gemüsebeet um und harkte die Erde glatt.
Dann säte er die Samen in geraden schönen Reihen.
Kater Findus lief los und holte ein Fleischbällchen …

Wie kann die Geschichte weitergehen? Betrachte das Bild.

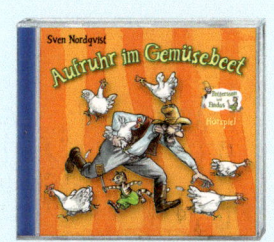

ah	eh		
oh	uh	ih	

An der alten Mühle

Tina und Tino sind mit Anton und Ina
an der alten Mühle.
Inas Familie hat dort einen Garten.
Es weht ein leichter Wind,
aber es ist schon sehr warm.

Anton fährt Ina über die Wiese.
Tina geht neben Tino.

Tino ruft: „Oh, hier blüht schon alles!"
Ina kennt sich gut aus: „Das sind Frühblüher.
„Die gelben Blumen dahinten sind NARZISSEN.
Seht ihr auch die KROKUSSE und TULPEN?"
Tina sagt: „Und hier blüht sogar schon ein Löwenzahn."

Löwen	Zahn	Löwenzahn
Blüte	Zeit	Blütezeit
Blüten	Farbe	Blütenfarbe

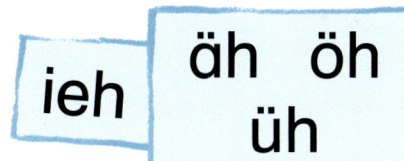

Auf einmal ruft Anton:
„Sieh mal, Ina.
Auf der Weide grast eine Kuh!"
Ina sagt: „Das ist unsere Allegra."
Tino lacht: „Das ist lustig.
In Italien nennt man sie also
die Fröhliche."

Die Kinder erleben noch einen tollen Nachmittag.
Am Abend wird Tino müde: „Es ist sicher schon fast sieben Uhr.
Wir müssen nach Hause!"
Tina wundert sich: „Ist das wahr? Es ist doch noch ganz hell!"

Blütezeit
März – April
Blütenfarbe
violett, weiß,
orange

Blütezeit
März – April
Blütenfarbe
rot, gelb,
orange…

?

Die schönste Zeit im Jahr

Tino ist mit seiner Familie im Park.
Die Eltern liegen gemütlich auf der Wiese.

Der kleine Jonas löffelt einen Jogurt.
Opa liest. Tino übt mit seinem Jo-Jo.
Alles ist sehr ruhig.
Alle fühlen sich wohl.

Nur Paola ist sauer, weil sie lieber
ins Kino wollte.

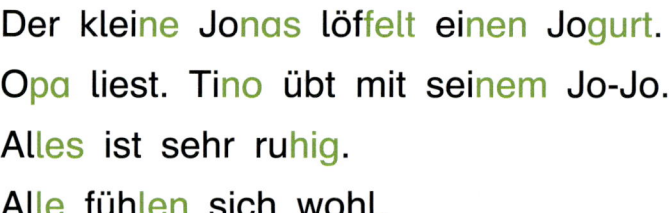

Auf einmal nimmt sie Tino
das Jo-Jo weg und rennt los.
Sie jubelt laut: „Ätsch, ich hab es!"
Tino jagt hinter ihr her und brüllt: „Ich krieg dich ja doch!"
Jonas beginnt zu jammern. Papa tröstet ihn.

Opa meint: „Ja, ja, jeden Sonntag dasselbe."
„Mama meint: „Ja, ja, das Frühjahr ist die … "

 üben   jagen   kriegen
er übt   er jagt   er kriegt

Wir basteln ein Amselnest

Du brauchst:
hellblaues und grünes Tonpapier,
Karton, eine Schere, Kleber,
Filzer in Gelb, Schwarz und Braun,
braunes oder grünes Bastelgras.

1. Zuerst malst du Zweige auf das hellblaue Tonpapier.

2. Schneide dann aus dem grünen Papier kleine Schnipsel für die Blätter.
Die klebst du an die Zweige.

3. Nun malst du jede Amsel einzeln auf den Karton. Ungefähr so:

4. Schneide die Amseln aus und klebe sie über die Zweige.
Male die gelben Schnäbel dazu.

5. Klebe dann ein wenig Bastelgras in einem Bogen unter die Amseln.

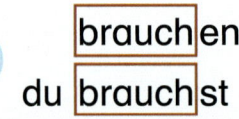

brauch|en	mal|en	kleb|en
du brauch|st	du mal|st	du kleb|st

78

Vorhang auf!

Sehr geehrtes Publikum!

Hier auf der Bühne
sehn Sie gleich,
die Königin –
und die ist reich.

Doch ist sie leider
ganz allein
und fragt: „Warum
liebt mich kein Schwein?"

Da kommt ein Schwein
herbeigelaufen,
will eigentlich
nur Wasser saufen.

Die Königin
küsst's in der Not,
da wird das rosa
Schweinchen rot.

Ich mag das Theater, weil …

| Sp | sp |

Was für ein Theater!

Tina und Tino besuchen
ein Theater. Sie sind schon
ganz gespannt darauf,
wie das Programm ist.
Gespielt wird
„Das kleine Gespenst".

Spielplan
Sonntag, 25.08.
14.00 Uhr   Das kleine Gespenst
Mittwoch, 28.08.
16.00 Uhr   Aladin und die Wunderlampe
Freitag, 06.09.
14.00 Uhr   Frau Holle
Dienstag, 03.09.
16.00 Uhr   Der gestiefelte Kater
Samstag, 19.10.
15.00 Uhr   Dornröschen

Es wohnt auf einer Burg.
Wie alle Gespenster spukt es
spät in der Nacht.
Doch eines Tages wacht es
schon um zwölf Uhr mittags auf.
Es spaziert fröhlich durch
die Welt und bewundert alles
bei Tageslicht.
Aber die Menschen fürchten sich.
Das kleine Gespenst wird traurig.
Es will lieber wieder in der Nacht
spuken.

Deshalb spricht es mit drei Kindern.
Ob sie ihm wohl helfen können?

 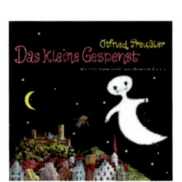 

Erzähle oder male die Geschichte weiter.

St st

Nach dem Spiel führt ein Mann Tina und Tino hinter die Bühne. Dort baumeln die Marionetten.
Tina strahlt: „Das ist fantastisch!"
Der Mann erklärt:
„Die Puppen sind mit Fäden an Stäben befestigt. Es ist gar nicht so einfach, mit ihnen zu spielen."

Er nimmt eine Marionette und spannt die Fäden.
Zuerst steht die Marionette ganz still.
Dann stolziert sie herum.
Auf einmal stolpert sie.
Sie stürzt und strampelt mit den Beinen. Doch sie steht schnell wieder auf.

Tino sagt: „Sportlich ist die Marionette ja.
Aber sprechen kann sie nicht!"
Der Mann lacht: „Das stimmt, aber dafür bin ich dann da."

ICH ▶ DU ▶ WIR
Das ist ein besonderes Theater.
Kennst du es?

ck **Picknick auf der Brücke**

Die Tiere treffen sich
zu einem Picknick.
Es findet auf einer Brücke statt.
Alle hocken nebeneinander.
Manche schlecken ein leckeres Eis.
Andere kleckern mit ihrer Limonade.

Auf einmal steht der dicke Elefant auf und rennt fort.
Die ganze Brücke wackelt.

„Was ist denn mit dir los?"

„Lauf! Schnell!
Es knackt!
Die Brücke bricht!"

„Hat dich eine Mücke gestochen?"

„Wir müssen hier runter!
Die Brücke knackt!"

Lest gemeinsam laut und spielt die Tiere.

Masken für das Picknick der Tiere

Die Klasse möchte das Picknick der Tiere als Theaterstück spielen. Dafür stellen sie Tiermasken her.

Pappteller halbieren

ans Gesicht halten – zwei Kreise für Augen aufmalen

Kreise für Augen und ein Dreieck für die Nase ausschneiden

auf beiden Seiten unten lochen

Maske anmalen

Ohren oder Hörner aus Tonpapier hinten ankleben

Für eine Mähne klebst du Streifen aus Tonpapier an die Hinterseite!

Für einen Rüssel musst du dir helfen lassen!

84

Natur entdecken: Pflanzen

Ritter Rüstig und Ritter Rostig lebten mit ihren Frauen friedlich auf zwei Burgen.

Zwischen den beiden Burgen sahen sie eines Tages eine ganz besondere Blume. Bald war sie fünf Meter hoch!

Morgens bog sich die Blüte zu Rüstigs Fenster. Abends bog sich die Blüte zu Rostigs Fenster.

Doch bald wollten beide Paare die Blume für sich alleine haben.

Alle zerrten an ihr herum – bis die Blume zerbrach.

Dann geschah ein Wunder: Nach dem Winter gab es 14 Blumen im Garten!

Sind Blumen nicht klug?

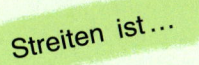

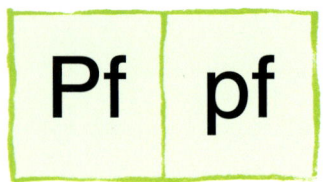

Sommer im Topf

Die Kinder treffen sich bei Tina auf dem Balkon.
Sie wollen Blumensamen aussäen.
Tinas Mutter hat drei Töpfe, Blumenerde und Samen gekauft.
Paola zieht Tina am Zopf: „Und wo sind die Pflanzen?"

Tina grinst:
„Die gibt es doch noch gar nicht!
Wir müssen zuerst die Blumensamen aussäen.
Im Sommer haben wir dann
schöne Pflanzen in unseren Töpfen."

Paola fragt:
„Und was werden das für Pflanzen?"
Tina antwortet: „Das werden Wildblumen."

ICH ▸ DU ▸ WIR
Informiere dich
in Sachbüchern
über Wildblumen.
Gestaltet ein Plakat.

Pflanzen   Topf
Pfoten   Zopf

So setzen die Kinder die Samen ein

tz

Tino und Paola sitzen schon gespannt auf ihren Plätzen.
Mama ruft: „Tina, mein Schatz! Kommst du auch?"
Endlich kommt Tina. Mama erklärt, wie man die Samen aussät:

„Zuerst füllt ihr die Töpfe mit Blumenerde. Die drückt ihr fest."

„Jetzt legt ihr ein paar Blumensamen darauf."

„Zuletzt kommt wieder etwas Erde darüber."

„Pflanzen müsst ihr gut pflegen!
Gebt der Erde nun jeden Tag etwas Wasser.
Die Pflanzen brauchen Licht,
mögen aber keine Hitze."

Plötzlich rast Pipo direkt in die Blumenerde.
Mama pfeift ihn zurück: „Nimm die Pfoten weg!
Das ist nicht witzig.
Du machst ja alles schmutzig!"

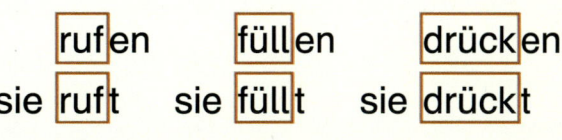

chs Können Knöpfe wachsen?

Die Klasse steht am Rand einer Wiese.
Die Kinder sind in sechs Gruppen aufgeteilt.
Jede Gruppe soll zwei Wildblumen finden,
die dort wachsen.

Die Bilder und Namen dazu finden sie auf einem Zettel.
Die Kinder wechseln sich beim Lesen ab.
Einige Namen kennen sie. Andere sind sehr witzig!

Anton sagt: „Hier steht **Ochsenauge**!
Ob es auch eine Fuchsnase gibt?"

Tino kann es kaum glauben:
„Wir haben eine **Käsepappel**!"

Tina ruft: „Seht mal!
Das hier ist ein **Wiesenknopf**!"
Ina meint: „So, so!
Knöpfe können also wachsen!"

Was findet ihr über diese Blumen heraus?

Erfinde lustige Wildblumen:
Wurstblume – Waldgürtel – …
Male sie mit Wachsmalstiften.

Von Kuhblume und Butterblume

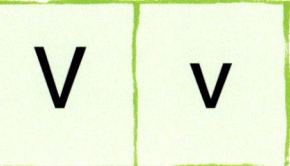

Frau Löber muss lachen: „Ich schlage vor,
dass ihr zuerst die bekannten Pflanzen sucht!
Vielleicht beginnt ihr mal mit der Kuhblume."

Verena hebt vorsichtig die Hand:
„Aber die kenne ich doch auch nicht."
Simon fragt: „Ist das die Blume
aus der Vase in unserem Klassenraum?"

Andi ruft: „Nein, die ist violett!
Die Kuhblume hat gelbe Blüten.
Ihr kennt sie alle.
Aber Pflanzen haben oft
viele verschiedene Namen."

Ein Pflanzen-Rätsel

Wunderbar
stand er da im Silberhaar.

Aber eine Dame,
Annette war ihr Name,
machte ihre Backen dick,
machte ihre Lippen spitz,
blies einmal, blies mit Macht,
blies ihm fort die ganze Pracht.

Und er blieb am Platze
zurück mit einer Glatze.

Josef Guggenmos

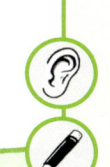

V oder v wie 	V oder v wie 
Verena	vielleicht
Vase	vorsichtig
violett	viele

Wildblumen-Karten

Bastle schöne Karten mit getrockneten Wildblumen.
Frage nach, welche Pflanzen du pflücken darfst.
Schneide nur ein bisschen von einer Pflanze ab.
So kann sie weiterwachsen.

Lege dein Pflänzchen zwischen Löschblätter.
Danach legst du viele schwere Bücher darauf.
Wechsle die Löschblätter mindestens
einmal vorsichtig aus.
Nach ein paar Tagen klebst du
die trockene Blume auf deine Karte.

Gänsebleame kloans,
stehst so ganz alloans
in da Wiesn drin.

Bleamen gibts Millionen,
die si mit dir sonnen.
Doch du bist mei oaner,

allerliabster kloaner
Augnstern,
i hab di gern.

Franz Ringseis

Die Glockenblume

Mitten auf der Wiese stand
die Glockenblume – sehr bekannt.

Ich hab sie nicht gehört,
das hat mich nicht gestört.

Denn ich hab sie gesehn,
blau-violett, so schön.

Die Kamille, die Kamille,
ist eine Pflanze, keine Pille.

Doch ist dein Hals ganz rot und wund,
macht sie dich oft schnell gesund.

Die Distel

Die Distel hat ein schön Gesicht,
drum wehrt sie sich und kratzt und sticht.
Der Esel aber hat entdeckt,
dass sie ihm schmeckt.

Karl Heinrich Waggerl

Lerne ein Gedicht auswendig.

Schreibt ein passendes Gedicht dazu.

Wie wir leben

„Dein Vater ist stark,
sehr stark!", sagt Mama oft.
Aber eigentlich meint sie dick,
er sei dick, sehr dick!
Abends lässt er sich
aufs Sofa plumpsen und
wartet aufs Essen.

Aber Papa ist
ein feiner Kerl. Immer
unternimmt er was mit mir.
Ich nehme Anlauf …
und hopp!
Wie eine Rakete fliege ich
fast bis zur Zimmerdecke.
Jetzt kommt Papa dran…

Was ist denn
da los?

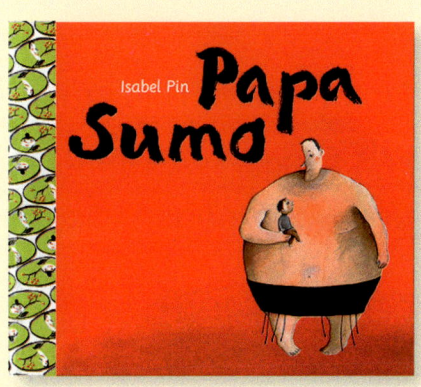

Tinos neues Spielzeug

Tino hat ein neues Feuerwehrauto.
Stolz zeigt er es Paola:
„Guck mal, der Löschwagen ist ferngesteuert!"
Paola versteht nicht:
„Waaas? Der Löschwagen ist gern bescheuert?"

Tino antwortet: „Nein, du Dummkopf!"
„Er ist *fern-ge-steu-ert*. Ich kann ihn
mit diesem Gerät aus der Ferne steuern."
Paola lacht: „Sag das doch gleich!"

Tino zeigt Paola,
wie man das Auto fahren lässt.
Sie wechseln sich ab. Sie lassen
das Auto durch Tinos Zimmer rasen.

Dann muss Tino aufs Klo.
Als er wiederkommt, hat Paola
das Auto gegen die Wand gefahren.

 Feuer
Feuerwehr
Feuerwehrauto

 Lest mit verteilten Rollen.

Der Streit

Tino brüllt: *₁ „Verdammt! Kannst du nicht aufpassen?
Das Auto hat zwanzig Euro gekostet!
Ab heute spielst du nur noch mit deinem Spielzeug!"
Paola beginnt zu weinen: „Du bist total gemein!"
Tino brüllt weiter: *₂ „Und du bist eine Heulsuse!"

Paola rennt zu den Eltern:
*₃ „Papa, Papa, Tino lässt mich nicht mit seinem
Feuerwehrauto spielen!"
Jetzt wird Tino richtig laut: „Das stimmt ja gar nicht!"
Papa ruft aus dem Wohnzimmer:
„Euren Streit müsst ihr schon unter euch ausmachen!"
Mama ruft: *₄ „Tino, brüll deine Schwester nicht so an!"

Meine Schwester und ich

Sie macht's gut,
ich mach's schlecht.
Sie macht's euch
immer recht.

Sag ich nein,
sagt sie ja,
und wer lieb ist,
ist doch klar.

Sie ist leise,
ich bin laut,
und ich bin es,
der sie haut.

Immer sie,
niemals ich.
Und ich frag:
Wer mag mich?

Regina Schwarz

Was macht dich wütend?
Warum streitest du dich?

ICH ▸ DU ▸ WIR
Was hätten Tino, Paola und Mama
an diesen Stellen * besser sagen können?

nk

Wer hilft wobei?

Mama muss morgen den ganzen Tag arbeiten.
Sie sagt: „Morgen Mittag kommt Oma.
Sie wird euch etwas kochen. Bitte denkt daran, ihr zu helfen!
Leon, hol bitte morgen das Geschirr aus dem Schrank.
Tina, deck bitte morgen den Tisch!
Und vergesst nicht: Nette Enkel bedanken sich bei der Oma!"

Eigentlich verstehe ich mich
mit Leon sehr gut.
Wenn es um die Aufgaben
im Haushalt geht,
zanken wir uns aber auch oft.

Aufgaben für morgen

	Leon	Tina
Getränke kaufen	x	
den Mülleimer leeren		x
den Abwasch machen	x	
mit Pipo Gassi gehen		x
Pipo …		

Wobei kannst du helfen?
Schreibe deinen eigenen Aufgabenzettel.

Tina erzählt von ihrer Familie

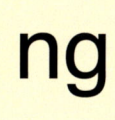

Ich lebe mit Mama, Leon und Pipo zusammen.
Papa lebt schon lange nicht mehr bei uns.
Meine Eltern haben sich vor vier Jahren getrennt.
Daran kann ich mich aber nicht mehr gut erinnern.

Ich verbringe jedes zweite Wochenende
bei meinem Papa. Darauf freue ich mich immer sehr.
Papa ist nämlich nicht so streng wie Mama.
Bei ihm darf ich länger aufbleiben … jedenfalls manchmal …
Und wenn ich Geburtstag habe, feiert Papa mit uns zusammen.

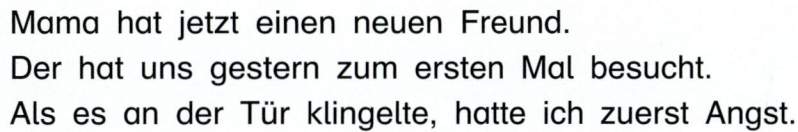

Mama hat jetzt einen neuen Freund.
Der hat uns gestern zum ersten Mal besucht.
Als es an der Tür klingelte, hatte ich zuerst Angst.

Er kam herein.
Er sah ganz anders aus als Papa.
Er gab Leon die Hand und sagte:
  „Hallo Leon. Du bist also Hannas toller Junge!"
Er gab mir die Hand und sagte:
  „Hallo Tina. Du bist also Hannas kleiner Engel!"

Pipo sprang fröhlich an ihm hoch. Ich glaube,
Mamas neuer Freund ist ganz in Ordnung.

| schenken | Schrank | Schlange | bringen | streng |
| denken | Bank | lange | ringen | eng |

ß   Tino erzählt von seiner Familie

Mein Vater kommt aus der Stadt Pisa in Italien.
Vor acht Jahren arbeitete er für eine große Firma
in Deutschland. Er sollte nur einen Monat bleiben.
Aber dann lernte er Mama kennen.
Die beiden haben sich sofort ineinander verliebt.

Anfangs verstand mein Papa
noch gar nicht viel Deutsch.
Da konnten sie sich wohl bloß
mit Händen und Füßen unterhalten.
Das sah bestimmt sehr lustig aus!

Eines Tages brachte er ihr einen Strauß mit weißen Rosen.
Dann haben sie geheiratet. Papa ist in Deutschland geblieben.
Mit Paola, Jonas, Opa und Polli sind wir jetzt eine große Familie.

Eigentlich heiße ich Valentino. Tino ist nur eine Abkürzung.

Und wir?

groß   Füße   weiß
bloß   Strauß   heißen

Mein Opa

Y y

Opa kommt aus Syrakus.
Das ist eine Stadt ganz im Süden Italiens.
Sie liegt direkt am Meer.
Wir verbringen die Ferien oft dort.

Opa übersetzt für mich immer
die Briefe an meine Freunde in Syrakus.

Liebe Alessia, lieber Andrea,
meine Lehrerinnen
in der Schule sind okay.
Ich freue mich aber
trotzdem auf die Ferien
mit euch.
Viele Grüße auch
von Paola.
A presto! Tino

Opa kam zu uns
nach Deutschland,
nachdem meine Oma
gestorben war.

Oma hieß Yelva.
Damals war ich noch
ein Baby.

Opa lebt gerne bei uns. Doch manchmal hat er Heimweh:
„In Syrakus ist es viel heißer – und es riecht nach Thymian.
Man kann den ganzen Abend draußen sitzen.
Aber meine liebe Yelva ist ja nicht mehr da ..."

ICH ▸ DU ▸ WIR
Welche Wörter kennst du nicht?
Findet heraus, was sie bedeuten.

Wir schreiben über unsere Familien

Wir heißen Inka und Fynn.
Wir sind Zwillinge.
Als Babys sahen wir fast gleich aus.
Heute ist das zum Glück anders.
Sonst würdet ihr ja
Bruder und Schwester
verwechseln.

Ich heiße Moses.
Mein Vater ist Deutscher.
Meine Mutter ist aus Kamerun.
Kamerun ist ein Land in Afrika.
Hier seht ihr mich mit Marylin.
Ich bin Marylins Onkel. Ehrlich!

Wenn meine Eltern streiten,
dann hätt ich gern viel Geld,
um einfach wegzureiten
bis an den Rand der Welt.

Angela Sommer-Bodenburg

Mit meiner Mutter
ist es so eine Sache,
mit meinem Vater auch.
Wenn Mutter weint, sagt er:
Was ist denn jetzt schon wieder los?
Und Mutter flüstert:
Ssst, nicht vor dem Kind!
Ich bin das Kind,
und ich weiß, was los ist!

Jürg Schubiger

Ich heiße Yvonne.
Mein Papa kommt aus Stuttgart,
meine Mama aus Hamburg.
Jetzt wohnen wir in einem
sehr schönen kleinen Dorf.
Bald bekommt Mama ein Baby.
Das wird bestimmt ganz süß!

Schreibe selbst etwas über deine Familie. Lies es dann den anderen Kindern vor.

Sommer

Willi traute sich viel,
aber er traute sich nicht
ins Wasser.

Er wusch sich, das schon.
Er duschte auch manchmal.

Aber in der Badewanne liegen,
das war ihm schon zu viel.
Und zum Schwimmen gehen,
das wollte er schon gar nicht.

Willi hatte es
noch niemandem gesagt,
aber er hatte
einen schrecklichen Verdacht:

Der Mensch, dachte Willi,
ist gar nicht wasserdicht.
Oder vielleicht nur
die anderen Menschen,
und er nicht.

An den großen Löchern,
an Mund und Ohr und Nase,
sowieso nicht.
Dass das Wasser
durch die Nase reinkam,
das wusste ja jeder.

Aber was war
mit den kleinen Löchern?
Willi wusste, dass durch
kleine Löcher in der Haut
der Schweiß rauskam.

Wer sagt mir nun, dachte er,
dass durch diese Löcher
das Wasser nicht auch
wieder reinkommen kann?

Rudolf Herfurtner

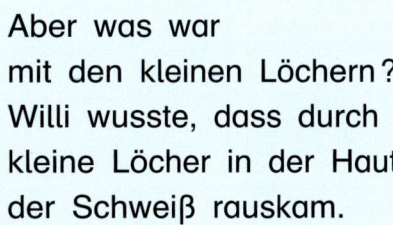
Was traust du dich?
Was traust du dich nicht?

Äu äu

Wir sammeln Geräusche

Frau Löber hatte gestern eine tolle Idee:
„Schließt doch bitte einmal die Augen. Seid nun ganz still.
Denkt an Geräusche, die ihr aus den Ferien kennt."
Die Kinder haben dann ihre Geräusche an die Tafel geschrieben.

Jetzt machen sie diese Geräusche nach.
Simon läuft mit einem Aufnahme-Gerät durch die Klasse.
Er soll alle Geräusche aufnehmen.

huihui
huihui
huihui

Ich träume vom Rauschen des Windes in den Bäumen.

platsch!
platsch!

Die Kuh der Bäuerin Maria säuft Wasser aus einem Trog. Das Wasser läuft über.

ein Baum – viele Bäume
ein Traum – viele …

laufen – er läuft
…

Feriengrüße an Tina

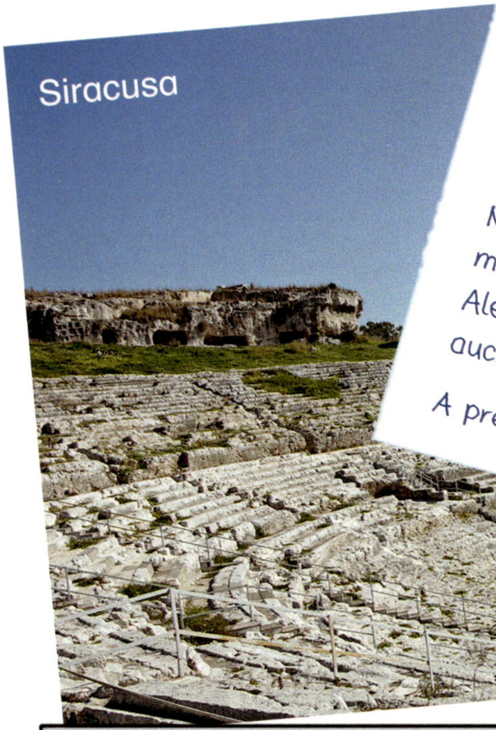

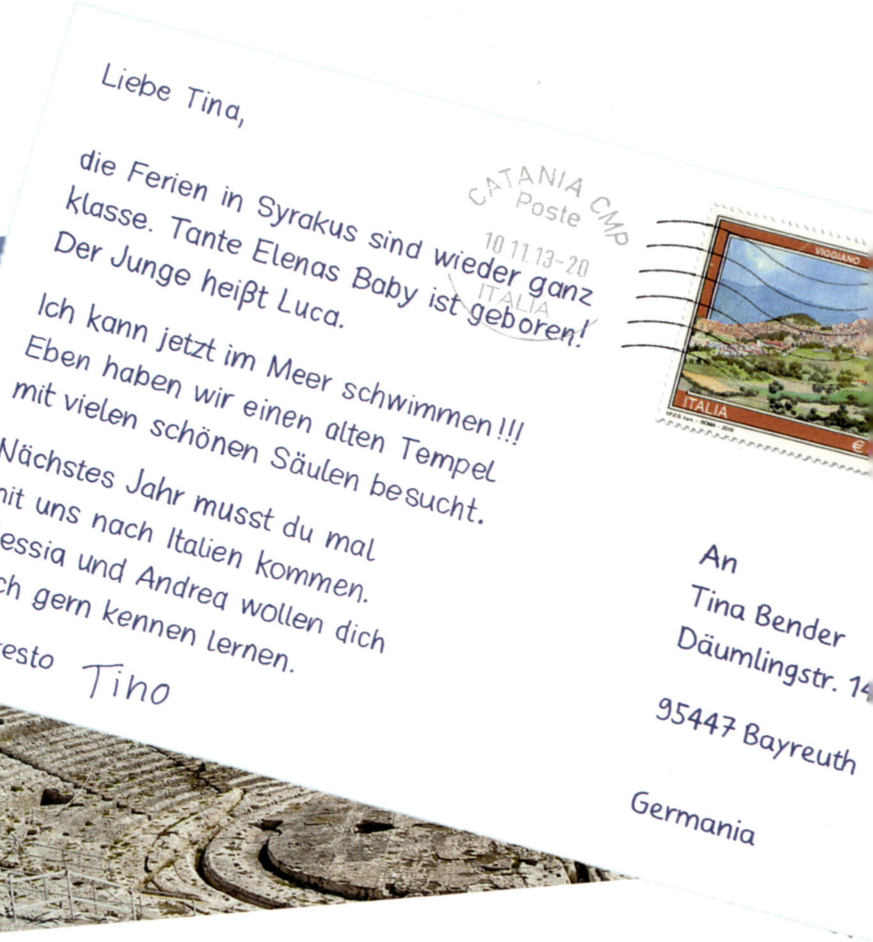

Liebe Tina,

die Ferien in Syrakus sind wieder ganz klasse. Tante Elenas Baby ist geboren! Der Junge heißt Luca.
Ich kann jetzt im Meer schwimmen!!! Eben haben wir einen alten Tempel mit vielen schönen Säulen besucht.
Nächstes Jahr musst du mal mit uns nach Italien kommen. Alessia und Andrea wollen dich auch gern kennen lernen.

A presto Tino

An
Tina Bender
Däumlingstr. 14
95447 Bayreuth

Germania

Liebe Tina, lieber Papa,

sicher habt ihr es schön auf dem Bauernhof im Allgäu.
Tina, hattest du schon deine erste Reitstunde?

Letzte Woche war ich doch so enttäuscht,
dass mein Ferienlager ausgefallen ist.
Aber jetzt bin ich sogar richtig froh darüber.

Ich werde nämlich ab morgen einen Freeclimber-Kurs besuchen.
Wisst ihr, was das ist? Schaut doch mal im Internet nach!
Schreibt ihr mir morgen eine E-Mail zurück?

Liebe Grüße von Leon

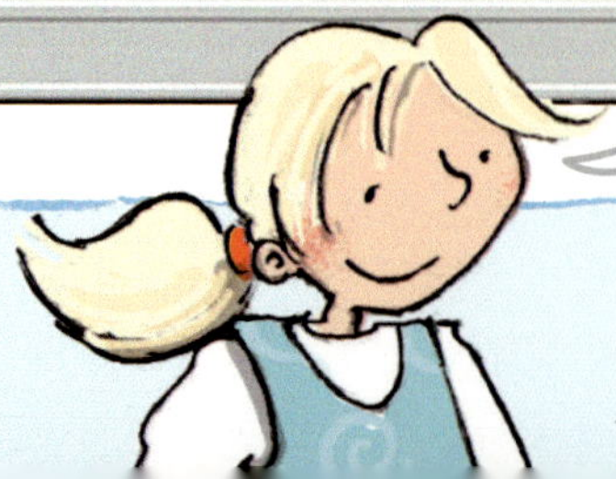

Schreibt ihr auch E-Mails? Was macht ihr noch am Computer? Sprecht darüber.

Ich liebe Bücher

Welches Buch ist dein Lieblingsbuch? Was liebst du daran besonders?

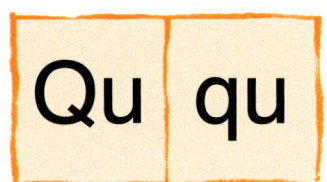

Besuch in der Bücherei

Tina und Tino können jetzt schon gut lesen.
Deshalb fragt Leon die Kinder:
„Wollen wir zusammen in die Bücherei gehen?"
Tina und Tino rufen: „Au ja! Wir leihen uns Bücher aus!"
Paola jammert: „Aber ich kann doch noch gar nicht lesen!"
Leon lacht: „Das macht nichts. Für dich ist auch etwas dabei!"

In der Bücherei staunt Tino:
„Toll! Was es hier alles gibt: Bücher über das Weltall
und über Aquarien!
Dort sind auch Comics und Quiz-Bücher und …!"

Tina quatscht dazwischen:
„Und hier erst: Pferde-Bücher, Märchen, Zeitschriften und DVDs!"

Paola geht quer durch den Raum
auf ein Regal zu.
Darin stehen keine Bücher, nur CDs.
„Das sind ja gar keine Bücher!"
Leon antwortet:
„Doch, das sind Hörbücher."
Paola grinst: „So ein Quatsch!
Was soll das denn sein?"

Unsere Wälder
Hunde und Katzen
Tiere im Urwald
Kinder aus aller Welt
Afrikanische Spiele
Wie wir leben
Lexikon der Länder
Natur
andere Länder

X x

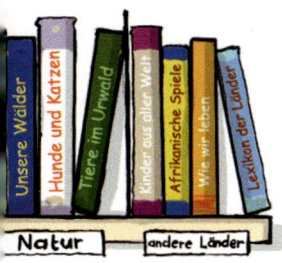

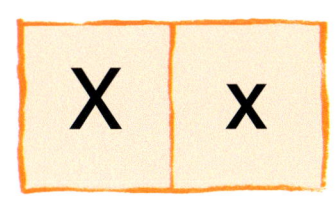

Die Kinder machen es sich auf einem Lesesofa bequem.
Gut, dass neben dem Sofa kleine Tische stehen!
Dort gibt es sogar einen CD-Player.
Damit hört sich Paola eine Geschichte an.

Tino blättert zuerst in einem tollen Tier-Lexikon.
Den Text über die Tiger-Haie findet er total spannend.
Tina hat sich ein Märchen ausgeliehen,
das von einer Nixe handelt. Alles ist ruhig.
Dann fängt Paola an, laut zu quasseln.

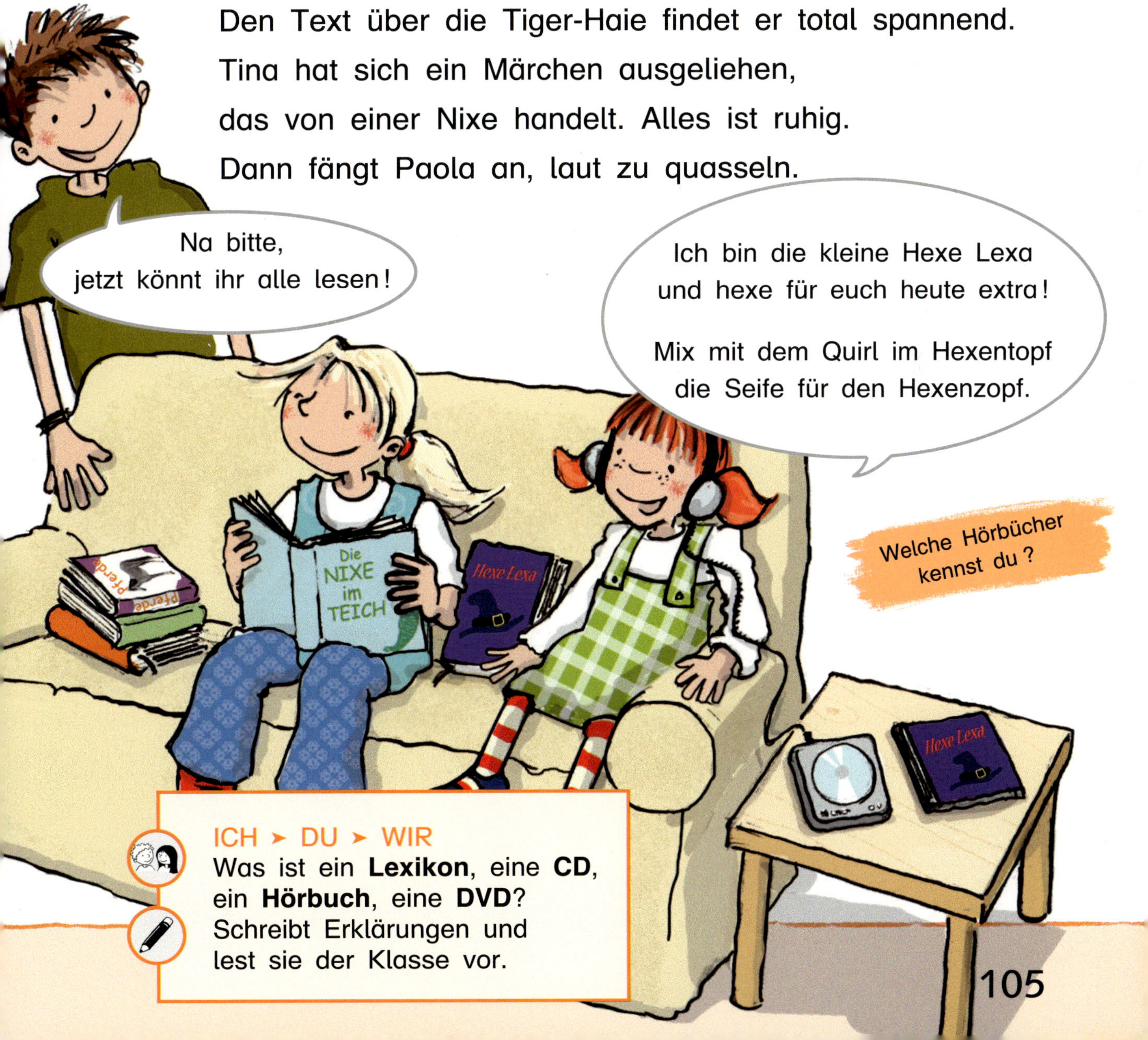

Na bitte, jetzt könnt ihr alle lesen!
Ich bin die kleine Hexe Lexa und hexe für euch heute extra!
Mix mit dem Quirl im Hexentopf die Seife für den Hexenzopf.
Pferde
Pferde
Die NIXE im TEICH
Hexe Lexa
Hexe Lexa
Welche Hörbücher kennst du?

ICH ➤ DU ➤ WIR
Was ist ein **Lexikon**, eine **CD**, ein **Hörbuch**, eine **DVD**?
Schreibt Erklärungen und lest sie der Klasse vor.

Wörter-Spielwiese

Aus der Türkei

it iti itti,
bit iti itti,
it biti itti.
Bit gitti, it gitti.
itti, bitti, gitti.

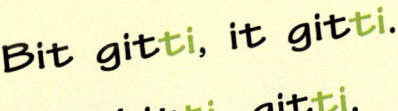

Eins, zwei, drei, vier, fünf.
Der Storch hat keine Strümpf.
Der Frosch hat kein Haus
und du bist raus.

Aus Franken

Mamalada hamma daham aa.

Aus Schwaben

Mol a mol a Mole no.

Aus Italien

Il Papa pesa il pepe a Pisa,
Pisa pesa il pepe al Papa.

Aus Japan

赤巻紙
青巻紙
黄巻紙
Akamakigami
aomakigami
kimakigami

Upps!

              O
LUFTBALL N

FAL EN

  L

Ooo!!!

Sommer sucht Sprosse
Haifisch sucht [Flosse]

Schild sucht Kröte
Block sucht [Flöte]

Das Gnu sagt zur Kuh: „How do you do?" Und was sagt die Kuh zum Gnu? Muuuh!

Wirbel sucht Sturm
Regen sucht [Wurm]

Luft sucht Ballon
fliegt auf und [davon]

Gerda Anger-Schmidt / Birgit Antoni

Rondo

Meine Katze Polli.
Sie hat ein ganz weiches Fell.
Meine Katze Polli.
Mit ihr kuschel ich so gern.
Meine Katze Polli.

Ich – Du – Wir

Wie's einem so geht

Wenn mir etwas fehlt,
ist Mutter da.
Wenn Mutter nicht da ist,
fehlt mir etwas.

Jürg Schubiger

Mein Vater

Er bindet mir die Schuhe zu,
er spielt mit mir gern blinde Kuh,
er macht mir für mein Kuscheltier
einen Hut aus Glanzpapier,
er nimmt mich in den Arm,
hab ich mir wehgetan.

Regina Schwarz

Der Brief

Es kommt von mir,
es geht zu dir.
Es ist kein Mensch,
es ist kein Tier.
Es ist nur dies:
ein Stück Papier.

Ein Stück Papier,
jedoch es spricht.
Es bringt von mir
dir den Bericht:
Ich hab dich lieb,
vergiss mich nicht.

Josef Guggenmos

Ich und du

Nimm's leicht! Nimm mich!
Bin ein Punkt und kein Strich,
bin schön rund, gar nicht schmal,
bin ein Kugelfisch, kein Aal,
bin 'ne Hummel, kein Floh –
doch du magst mich. Gerade so.

Gerda Anger-Schmidt

Paul will auch eine Bande

Zwei Monate wohnt Paul
schon in Dettendorf.
Und er hat immer noch keine Bande.
Dabei wimmelt es hier nur so von Banden.

Die Bande von Max ist immer auf Schatzsuche.
Die Bande von Jo ist so eine Art Räuberbande.
Sie üben Anschleichen und Spionieren,
geheime Verstecke finden und wilde Lieder grölen.
Paul überlegt: Wer kann bei seiner Bande mitmachen?

Boris ist auch neu in Dettendorf.
„Gibt es hier irgendwo eine Bande,
bei der man mitmachen kann?",
fragt Boris.
„Du kannst in meiner Bande mitmachen",
sagt Paul.
„Okay!", sagt Boris.
„Und wer macht sonst noch mit?"
„Nur du und ich!", sagt Paul und grinst.

Boris und Paul üben Anschleichen.
Boris und Paul finden tolle Geheimverstecke.
Aber das Beste passiert eines Abends …

Dagmar Geisler

Herbst

Herbstwind

Erst spielt der Wind nur Fußball
mit Vaters bestem Hut,
dann schüttelt er die Bäume,
die Blätter riechen gut,
und lässt die Drachen leben,
und wringt die Wolken aus.
Der Herbstwind lässt uns beben,
wir gehen nicht nach Haus.

Günter Ullmann

Der Schnupfen

Ein Schnupfen hockt
auf der Terrasse,
auf dass er sich
ein Opfer fasse –
und stürzt alsbald
mit großem Grimm
auf einen Menschen
namens Schrimm.
Paul Schrimm erwidert
prompt: „Pitschü!"
und hat ihn drauf
bis Montag früh.

Christian Morgenstern

Die Vogelscheuche

Die Vogelscheuche ist beliebt,
weil es dort viel zu fressen gibt.
Die Vögel wissen das sehr gut,
doch braucht man dafür etwas Mut.

Helme Heine

Schreibt und malt zu Herbst-Wörtern.

Sankt Martin

Ein armer Mann, ein armer Mann

Text: Rolf Krenzer
Musik: Peter Janssens

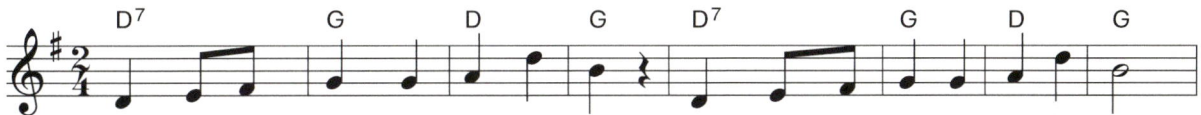

1. Ein armer Mann, ein armer Mann, der klopft an viele Türen an.

Er hört kein gutes Wort, und jeder schickt ihn fort.

Er hört kein gutes Wort, und jeder schickt ihn fort.

2. Ihm ist so kalt. Er friert so sehr.
   Wo kriegt er etwas Warmes her?
   Er hört kein gutes Wort,
   und jeder schickt ihn fort.

3. Da kommt daher ein Reitersmann,
   der hält sogleich sein Pferd an.
   Er sieht den Mann im Schnee
   und fragt: „Was tut dir weh?"

4. Er teilt den Mantel und das Brot
   und hilft dem Mann in seiner Not.
   Er hilft so gut er kann,
   Sankt Martin heißt der Mann.

5. Zum Martinstag steckt jedermann
   leuchtende Laternen an.
   Vergiss den anderen nicht,
   drum brennt das kleine Licht.

Textwerkstatt S. 138

Natur entdecken: Tiere

Tier-Witze

Treffen sich zwei Hunde auf der Straße.
Sagt der eine:
„Hallo, ich heiße **BELLO VOM BELLHOF**!
Hast du auch so einen vornehmen Namen?"
Sagt der andere:
„Klar, ich heiße **RUNTER VOM SOFA**!"

Zwei Mäuse treffen eine Katze.
Die erste Maus fürchtet sich.
Die zweite beginnt zu bellen.
Da läuft die Katze erschrocken davon.
Sagt die zweite zur ersten Maus:
„Tja, Fremdsprachen muss man können!"

Klein, kleiner, am kleinsten

Aus einem Tierlexikon

Delfine

Aussehen: Delfine gehören zu den Walen. Sie haben eine lange Schnauze, die aussieht wie ein Schnabel. Auf dem Kopf haben sie ein Blasloch, durch das sie atmen.

Nahrung: Delfine sind schnelle Raubtiere. Sie ernähren sich vor allem von Fischen und Tintenfischen. Manche Delfine gehen in Gruppen auf Beutejagd.

Sprache: Delfine können sehr gut hören und sogar miteinander „sprechen". Sie pfeifen, schnattern oder machen Klickgeräusche.

Lebensraum: Delfine leben in allen Meeren dieser Welt. Sie halten sich in der Nähe der Küsten auf oder auf hoher See.

Arten: Es gibt rund 40 Arten von Delfinen. Delfine leben in großen Gruppen. Wenn ein Delfin krank ist, kümmern sich die anderen um ihn.

Haie

Aussehen: Haie haben eine große Rückenflosse und eine große Schwanzflosse. Haie können sehr schnell schwimmen. Sie weichen Hindernissen blitzschnell aus.

Nahrung: Haie haben mehrere Reihen scharfer Zähne, die immer wieder nachwachsen. Damit fressen sie Fische, Tintenfische und Robben.

Sinne: Haie können sogar etwas sehen, wenn es fast stockdunkel ist. Sie riechen ihre Beute über mehrere hundert Meter Entfernung.

Lebensraum: Haie leben in allen Weltmeeren. Manche Haie leben in Flüssen oder Süßwasserseen.

Arten: Es gibt rund 500 verschiedene Hai-Arten. Katzenhaie sind die kleinsten Haie. Der Walhai wird bis zu 14 Meter lang. Der weiße Hai ist der gefährlichste Hai.

Räuber-Märchen

Ein Rätsel für Rabauken

Ich trage einen schlappen Hut
und bin sehr stolz auf meinen Mut.
Mein Bart ist ganz besonders struppig
und mein Geschrei schon ziemlich ruppig.

Im Gürtel trag ich sieben Messer,
und was ich will, gibst du mir besser!
Sicher hat mich keiner lieb,
denn ich bin ein böser Dieb.

Ich reime mich auf Bärenrotz
Mein Name, der ist ? ? ?

Hotzenplotz

Wörterspielabend

Räuberhöhlentanz

Höhlentanzräuber

Räuberhöhlentanz

Tanzräuberhöhlen

Räuberhöhlentanz

Ritterschlosstür

Der letzte Drache

Ritter Kunibert lebt allein auf seiner kalten Burg.
Niemand besucht ihn.
Er überlegt: „Ich muss berühmt werden,
dann bekomme ich viel Besuch.
Ich muss gegen einen Drachen kämpfen!"
Also macht er sich auf den Weg.

Plötzlich entdeckt er eine dunkle Höhle.
Davor steht ein Schild: Hier wohnt der letzte Drache!
Kunibert ruft: „Zeig dich, du schreckliches Biest!"

Ganz hinten in der Höhle sitzt der Drache.
Doch der ist ziemlich klein, schrumpelig und zahnlos.
„Du bist kein Drache, du bist ein Wurm!", spottet Kunibert.
Kunibert ist enttäuscht.
Mit so einem Winzling kann man doch nicht kämpfen!
„Ich gehe wohl besser wieder auf meine Burg", sagt er betrübt.

„Du hast eine Burg?", fragt der Drache neugierig.
„Nimm mich doch mit!"
Aber Kunibert sagt: „Was soll ich mit dir anfangen?"
Der Drache zählt auf:
„Ich kann dir ein Kaminfeuer anzünden.
Ich kann auch Spiegeleier braten. Und ich kann … !"

Markus Grolik

Was könnt ihr alles tun?
Sammelt Verben.

Winter

Vier Lichter

Ein Licht sagt uns:
„So wartet doch!"
Das zweite sagt:
„Es dauert noch!"

Das dritte flüstert:
„Nicht mehr lang!
Ich hör schon
leise den Gesang."

Das vierte sagt: „Es ist so weit!
Denn nun ist endlich Weihnachtszeit!"

Gabriele Roß

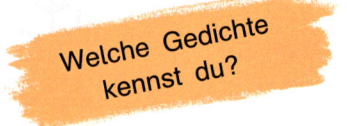

Welche Gedichte kennst du?

Dein Licht zum Verschenken

Du brauchst:

☆ ein Glas
☆ buntes Transparent-Papier
☆ Fertig-Kleister, einen Pinsel
☆ Zeitungspapier
☆ ein Teelicht

Textwerkstatt

Wie die Menschen feiern

Tina und Tino erzählen

Im Dezember feiern wir das Weihnachtsfest.
Damit erinnern die Christen an die Geburt Jesu.
Wir schmücken einen Weihnachtsbaum.
Dann singen wir Weihnachtslieder,
essen Süßigkeiten und beschenken uns.

Kemal erzählt

In der Türkei feiern wir nicht Weihnachten,
weil die meisten Türken keine Christen sind.
Wir sind Muslime. Unsere Religion heißt Islam.
Einmal im Jahr feiern wir das Zuckerfest.
Wir beten, essen Süßes und beschenken uns.
Das Zuckerfest ist jedes Jahr
an einem anderen Tag.

Lea erzählt

Ich komme aus Israel.
Meine Religion ist das Judentum.
Wir Juden feiern im Dezember das Lichterfest.
Wir haben einen Leuchter mit neun Armen.
Die Kerze in der Mitte wird zuerst angezündet.
Dazu zünden wir jeden Tag eine weitere Kerze an.
Wir singen Gebete, essen leckere Sachen und beschenken uns.

Zeiten und Räume

Schildkröten können über 100 Jahre alt werden.

Eintagsfliegen gerade mal einen Tag.

Lebenszeit **Halbzeit**

Winterzeit **Schlafenszeit**

Ferienzeit

Tageszeit **Pausenzeit**

Wartezeit **Schulzeit**

Freizeit **Zeitlupe**

Wenn ich dich ansehe, merke ich, wie schnell die Zeit vergeht.

Wenn ich schlafe, merke ich gar nicht, wie die Zeit vergeht.

S. 139 Textwerkstatt

Tina erzählt: So schnell kann ein Tag vergehen

Am frühen Morgen
Um halb sieben klingelt morgens der Wecker.
Ich muss mich waschen und mir die Zähne putzen.
Ich muss mich anziehen.
Ich möchte in Ruhe mit Mama und Leon frühstücken.

Am Vormittag
Montags habe ich bis 13 Uhr Schule.
Wir lesen in der Fibel.
Wir rechnen neue Aufgaben.
Zum Schluss haben wir noch zwei Stunden Sport.

Mittags und am Nachmittag
? ? ?

Am Abend
Nach dem Abendessen packe ich meine Schultasche.
Dann spiele ich gerne mit Mama und Leon.
Danach liest Mama mir auch im Bett etwas vor.
Aber nur, wenn ich mir vorher die Zähne geputzt habe!

Mein schönster Tag

morgens	vormittags	nachmittags	abends
• …	• …	• …	• lange aufbleiben

Das bin ich

Manchmal

manchmal,
kriech ich
in mich hinein
und bin
ganz klein

doch irgendwann
komm ich
wieder raus
und wachse
über mich hinaus

Claudia Holy

Ich

Ich stehe
manchmal
neben mir
und sage
freundlich
DU zu mir
und sag
DU bist
ein Exemplar
wie keines
jemals
vor dir war
DU bist
der Stern der
Sterne
Das hör ich
nämlich gerne

Jürgen Spohn

Wunder des Alltags

Manchmal, da habe ich eine Angst.
Manchmal, da habe ich einen Zorn.
Manchmal, da habe ich eine Wut.

Manchmal, da habe ich keine Freude.
Manchmal, da habe ich kein Vertrauen.
Manchmal, da habe ich keinen Mut.

Aber manchmal,
da kommt plötzlich jemand
und fragt mich: „Komm du, geht's dir nicht gut?"

Hans Manz

DAS BIN ICH BIN ICH BIN ICH

Name: Valentino Rossi
Spitzname: Tino
Geburtstag: 22. Februar
Aussehen: Ich bin 1,24 Meter groß. Meine Augen sind braun. Ich habe glatte schwarze Haare.
Meine Hobbys: Am liebsten filme ich mit der Kamera meines Opas. Ich gehe gerne ins Museum.
Das mag ich: Ich mag Tierbücher, Schokoladeneis, Comics, Pizza mit Salami, mit Tina spielen, Polli, meine Familie und Urlaub in Italien.
Das mag ich nicht: Ich gehe nicht gern zum Zahnarzt. Manchmal habe ich Angst vor großen Hunden. Ich finde es doof, wenn Leute ihren Müll einfach auf die Straße werfen.

Name: Tina Bender
Größe: 1 m 20 cm
Haare: lang und blond
Augenfarbe: blau
Kleidung: blaue Hose, weißes Oberteil, türkises Top
Besondere Kennzeichen: rotes Haarband
Hobbys: Bücher lesen, Bilder malen, mit Pipo spielen, Blumen pflanzen
Lieblingsessen: Erdbeermarmeladensemmel

Freizeit

In deiner Freizeit kannst du
tausend Sachen machen.

Überall findest du etwas zum Lesen:
Bücher – Comics – ???

Es macht auch viel Spaß,
sich zu bewegen: Du kannst
Fußball spielen, rennen, schaukeln,
schwimmen, tanzen, turnen, ???.

Auch wenn es draußen nass ist,
kannst du zusammen mit anderen
viele tolle Spiele spielen:
Kartenspiele, Würfelspiele, ???

Welches Museum gibt es in deiner Nähe?

Ich spiele
in meiner Freizeit gerne
auf meiner ???.

Ich habe
bald meinen ersten
Hip-Hop-Kurs!

Gestern
im Technik-Museum
war es total spannend!

Kinderspiele aus anderen Ländern

Zieh den Stuhl an – aus Panama*

*Panama liegt in Mittelamerika. Es grenzt an die großen Ozeane Atlantik und Pazifik.

Die Kinder sitzen im Kreis um zwei Stühle herum.
Jedes Kind legt einen Schuh in die Mitte.
Zwei Kinder bekommen die Augen verbunden.
Bei „Los!" versuchen sie, vier Schuhe zu finden
und sie den Stuhlbeinen anzuziehen.
Dann noch schnell auf den Stuhl setzen!
Gewonnen!

Pusteball – von den Philippinen*

*Die Philippinen sind eine Inselgruppe im Pazifischen Ozean.
Sie besteht aus vielen Tausend Inseln!

Kaipsak – ein Spiel aus Grönland*

*Grönland liegt fast am Nordpol!

Setzt euch in einen Kreis auf den Boden.
Legt einen Kreisel oder eine leere Flasche in die Mitte.
Ein Kind geht in die Mitte und dreht die Flasche.
Dann rennt es aus dem Kreis heraus
und einmal ganz schnell außen um die anderen herum.
Wer schafft es, bevor die Flasche aufhört, sich zu drehen?

Frühling

Klappern und Ratschen

Nach einer uralten Legende fliegen am Gründonnerstag die Glocken nach Rom. Dort dürfen sie sich ausruhen und feiern.
An Stelle der Kirchturmglocken rufen Buben und Mädchen mit Klappern und Ratschen die Leute zur Kirche. Zur Belohnung bekommen die Kinder Eier oder Süßigkeiten, manchmal sogar Geld geschenkt.

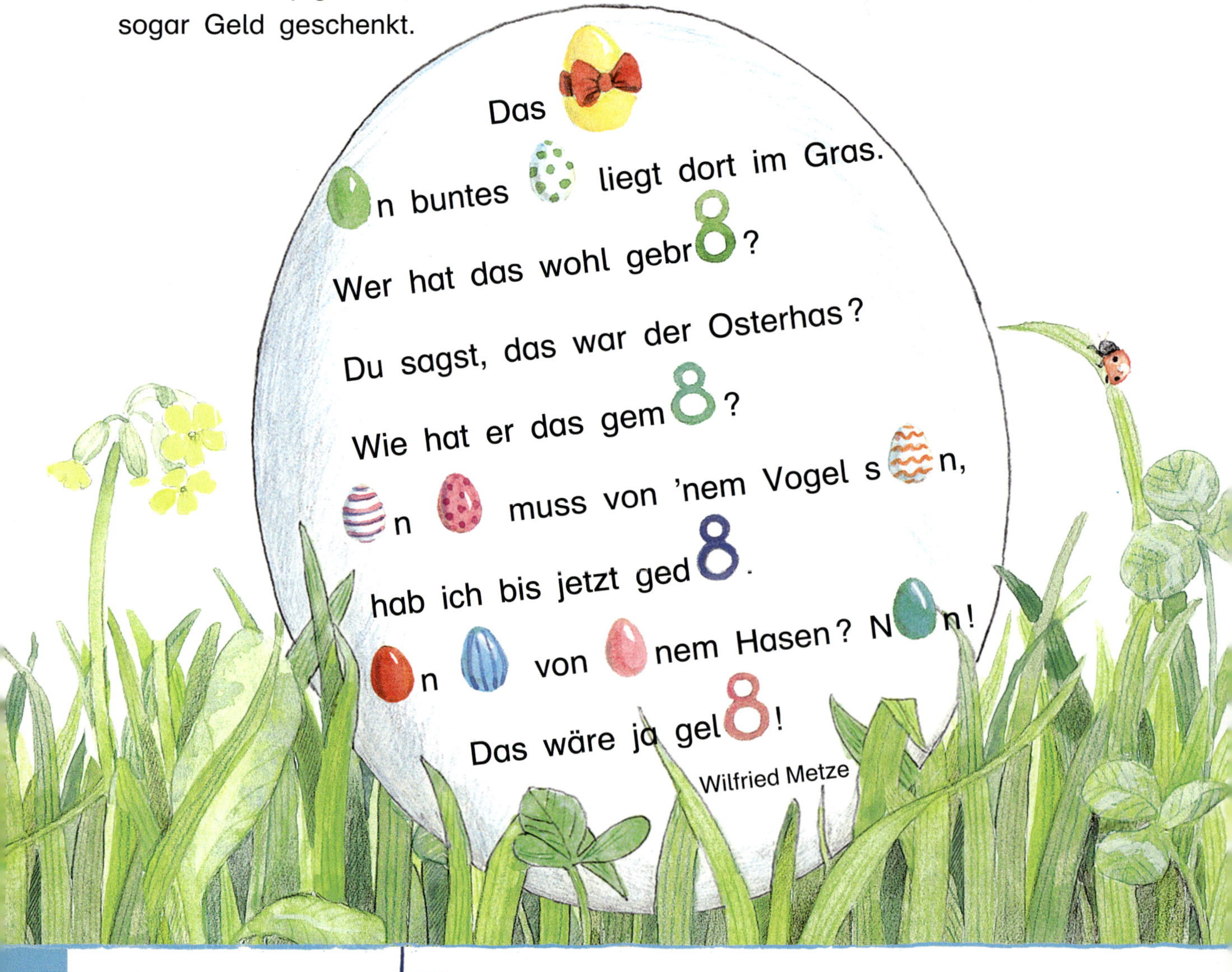

Das Ei
Ein buntes Ei liegt dort im Gras.
Wer hat das wohl gebracht?
Du sagst, das war der Osterhas?
Wie hat er das gemacht?
Ein Ei muss von 'nem Vogel sein,
hab ich bis jetzt gedacht.
Ein Ei von 'nem Hasen? Nein!
Das wäre ja gelacht!

Wilfried Metze

Ostereier-Leporello

Du brauchst:
- einen Streifen weißes Papier (25 bis 40 cm lang)
- eine Schere, Klebstoff, bunte Filzstifte
- wenn du magst: Schmuckband, kleine Klebebildchen, Lackmalstifte

1. Falte den Papierstreifen an einem Ende etwa 5 cm um.

2. Falte dann den ganzen Streifen im Zickzack.

3. Male nun eine Eierform auf. Schneide sie nur an den hier rot markierten Stellen aus.

4. Nun kannst du das Eier-Leporello auseinanderfalten und nach Lust und Laune bemalen und bekleben.

Zum Muttertag,
zum Muttertag,
sag ich dir, dass ich dich mag,
sag ich dir, dass ich dich brauch.
Und den Papa auch!

Georg Bydlinski

I mog di.

Vorhang auf!

Was ist Pantomime?

Theater kann man auch ganz ohne Worte spielen.
Das nennt man dann Pantomime.
Jemand, der so Theater spielt, heißt auch Pantomime.
Ein Pantomime erzählt nur mit Bewegungen
und mit seinem Gesicht ganze Geschichten.

Oft ist ein Pantomime im Gesicht weiß geschminkt.
Dann malt er sich große schwarze Augenbrauen auf die Stirn.
Damit wird der Ausdruck in seinem Gesicht noch stärker.

Ein sehr berühmter Pantomime war Marcel Marceau.
Viele Jahre lang verzauberte er sein Publikum.
Er gründete sogar eine Schule für Pantomime in Paris.

Unten siehst du Marcel Marceau dreimal.
Was will er uns wohl erzählen?

Ein Rollenspiel: Wer sitzt neben Julia?

Spielt oder lest diesen Text mit verteilten Rollen. Jede Rolle hat eine Farbe:

| Lehrerin | Julia | alle anderen Kinder | Tom (der nicht redet) |

Der Text der Erzählerin oder des Erzählers ist schwarz gedruckt.
Beim Spielen könnt ihr den schwarzen Text weglassen.

„Das ist Julia", sagt die Lehrerin.
„Sie kommt neu in unsere Klasse."

Julia nickt und schwenkt eine große Tüte.
„Ich habe jedem etwas mitgebracht", ruft sie.

Alle klatschen und schreien. (klatschen und schreien)

Die Lehrerin ruft: „Nicht jetzt! Jetzt haben wir Unterricht.
Die Süßigkeiten kannst du in der Pause verteilen.
Wer will neben Julia sitzen?"

Wieder schreien alle: „Ich!"

Nur Tom sagt nichts. (schweigt)

„Wo willst du sitzen, Julia?", fragt die Lehrerin.

„Dahinten", antwortet Julia. Sie zeigt auf Tom.

„Kennt ihr euch?", fragt die Lehrerin erstaunt.

„Nein", antwortet Julia.

„Na gut", sagt die Lehrerin. „Der Platz neben Tom
ist noch frei. Da muss ich niemanden umsetzen."

Cordula Tollmien

Juchuu!!!

Natur entdecken: Pflanzen

Gustav Klimt: „Feld mit Mohn" (1905)

Ob wir ohne Wälder und Wiesen leben könnten?

Diese Wiese hat der Maler Gustav Klimt
vor etwa hundert Jahren gemalt.
In jeder Wiese findest du viele Wiesenblumen.
Kennst du ihre Namen?

Kleeblattl
Hundert Kleeblattl, tausnd Kleeblattl,
im Woid und im Föid.
Moanst, i findat a vierblattrigs?
Net um ois in da Wöit.

Franz Ringseis

Male eigene Blumen mit Wörtern.

Wälder und Wiesen

Wälder und Wiesen sind für Tiere und Menschen lebenswichtig.
Deshalb müssen wir sie gut schützen!

Der Wald

Der Wald ist besonders wichtig für unser Klima. Er gibt ...

- Sauerstoff ab, den Tiere und Menschen zum Atmen brauchen.
- Feuchtigkeit an die Luft ab, die die Pflanzen und der Boden brauchen.
- vielen Tieren einen Lebensraum, Schutz und Nahrung. ...

Die Wiese

In der Wiese leben Tiere und Pflanzen zusammen wie in einer großen Familie. Die Wiese bietet ...

- kleinen Tieren Schutz im Gras.
- Futter für Bienen und andere Insekten.
- Platz zum Brüten für Vögel. ...

Wie wir leben

Aseye

Mein Name ist Aseye. Ich komme aus Ghana
in Afrika. Wir wohnen dort in der Stadt Accra.
Accra liegt direkt am Meer.
Bei uns ist es immer warm.
Mein Vater William arbeitet bei der Regierung.
Meine Mutter Sika ist Lehrerin.
Meine Schwester Fiam ist elf,
ich bin sieben Jahre alt.
Mein größter Wunsch ist ein kleines Kätzchen!

Meena

Ich bin sieben Jahre alt und heiße Meena.
Weil es auf dem Land keine Arbeit für Papa gab,
mussten wir nach Neu-Delhi ziehen.
Das ist die Hauptstadt von Indien. Jetzt arbeitet er
auf einer Baustelle direkt neben unserem Haus.
Puh, ist das laut!
Meine kleinen Brüder heißen Rewal und Sonu.
Meine große Schwester heißt Suman.

Und du?

Was kannst du Aseye und Meena
von deinem Leben in Deutschland berichten?

Wir tragen in Bayern an Feiertagen Lederhosen und Dirndl.

Textwerkstatt S. 141

Für jeden die Hälfte

Jan und Felix fahren mit ihren Eltern ins Grüne.
Auf einer Wiese am gluckernden Bach machen sie Picknick.

Es gibt lauter gute Sachen:
Kartoffelsalat, Hähnchenbeine, Obst, Käsebrote und Limonade.
Und zum Nachtisch Hefeschnecken mit Zuckerguss!

Eine Hefeschnecke bleibt übrig. „Wer will die haben?", fragt Mama.
„Ich!", ruft Felix. „Nein, ich!", ruft Jan.
„Teilt sie euch!", sagt Mama. „Für jeden die Hälfte."
„Immer teilen", knurrt Felix. „Immer bloß die Hälfte", murrt Jan.

Nach dem Essen sagt Papa: „Mama und ich machen jetzt
einen kleinen Spaziergang. Der Rest der Familie räumt auf!"

„Ich nicht!", ruft Felix.
„Ich auch nicht!", ruft Jan.
„Oh doch", sagt Papa, „ihr alle beide!"
Jan und Felix gucken sich an.
Papa meint es ernst!

„Also los", knurrt Felix.
„Von mir aus", murrt Jan.
Dann machen sie sich an die Arbeit.

Nachher sitzen beide am Bach
und halten ihre Füße ins Wasser.
Felix schubst Jan mit dem Ellenbogen.
„Hefeschnecken teilen ist blöd.
Aber Aufräumen teilen ist super!"
Jan grinst. Felix auch.

Ingrid Uebe

Sommer

*Ich heiße Moses. Ihr kennt mich schon von Seite 98.
Dieses Jahr haben wir in Kamerun Urlaub gemacht!
Jeden Abend habe ich in mein Tagebuch geschrieben.*

Aus meinem Ferientagebuch

Morgens haben wir uns von meiner Ur-Omi verabschiedet.
Dann sind wir endlich ans Meer gefahren!
Auf dem Weg nach Limbe stehen Kokosnuss-Palmen
am Straßenrand.
Außerdem gibt es Urwälder, Palmenwälder und Kinder,
die uns Mangos und Bananen verkaufen wollen.

Wir sind endlich in Limbe angekommen.
Limbe ist eine Stadt
am Fuße des Mount Kamerun.
Das ist ein Berg, der noch Lava spuckt.
Im Wasser liegen Steine von der Lava.

Unser Hotel liegt am Meer
und hat einen Swimmingpool.
Der Strand ist vom Vulkan ganz dunkel.
Hinter dem Strand fließt ein Bach
mit ganz kaltem Wasser.

Die Flaschenpost

Mia fand den Strandurlaub total langweilig. Keiner spielte mit ihr.

Also hockte Mia nur da,
bohrte die Zehen in den Sand,
starrte aufs Meer hinaus.

Eine leere Flasche Sonnencreme
schwamm auf dem Wasser, eine
Sandale und, etwas weiter weg,
eine grüne Flasche.
Etwas steckte da drin, etwas Weißes.
Eine Flaschenpost!

Schnell lief Mia ins Meer und
fischte sie aus dem Wasser.
Ja, da steckte ein Stück Papier drin.
Und es war auch etwas
draufgeschrieben.

> Wer dies Geheimnis löst,
> kriegt einen Schatz.
> Folge den fünf schwarzen
> Steinen und finde das,
> was blaue Punkte hat.

Mia stand auf und schlenderte
suchend am Wasser entlang.

Tatsächlich, da lag ein schwarzer
Stein. Den nächsten fand Mia
zwei Meter weiter.
Der dritte lag ein ganzes Stück
weiter, und der vierte schmückte
die Spitze einer Sandburg.
Mia nahm ihn in die Hand und
sah sich um.

Wo war der fünfte Stein?
Da lag er! Neben einer Fünf aus
kleinen Muscheln.
Jetzt fehlte nur noch etwas mit
blauen Punkten.

Hinter Mia kicherte jemand.
Mia drehte sich um.
Ein Mädchen grinste sie an.
„Hallo", sagte es. „Ich bin Etta."
Ettas Badeanzug hatte
mindestens tausend blaue Punkte.

Den Rest der Ferien
verschickten Mia und Etta
gemeinsam Flaschenpost-Briefe.

Cornelia Funke

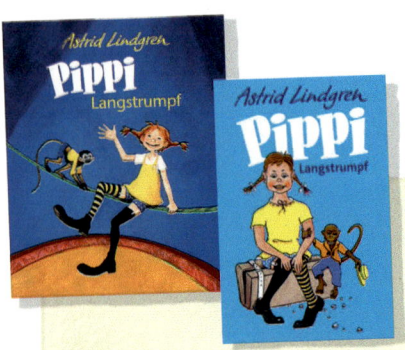

Ich liebe Bücher

Tina besucht heute ihre Oma. Tino ist auch dabei.
Oma holt ein Buch aus dem Regal und sagt:
„Das war mein Lieblingsbuch, als ich zur Schule ging."

Tino kann es kaum glauben: „Das ist ja Pippi Langstrumpf!
Ich habe auch ein Pippi-Buch. Aber das hier sieht ja ganz alt aus!"
Oma lacht: „Pippi-Bücher sind schon seit über 60 Jahren die Lieblingsbücher
vieler Kinder." Dann lesen sie gemeinsam folgende Geschichte:

Pippi bekommt Besuch

*In der kleinen Stadt hatte sich herumgesprochen,
dass ein kleines Mädchen ganz allein in die Villa Kunterbunt eingezogen ist.
Die Erwachsenen waren deshalb sehr besorgt und beschlossen,
dass Pippi in ein Kinderheim gehen soll.*

*Als Pippi mit Annika und Thomas auf der Veranda Pfefferkuchen aß,
kamen zwei Polizisten zur Villa Kunterbunt,
um sie zu holen …*

„Wie schön ist es doch zu leben", sagte Pippi
und streckte ihre Beine weit von sich.
In dem Augenblick kamen zwei Polizisten
in voller Uniform durch die Gartentür.

„Oh", sagte Pippi,
„ich muss heute wieder einen Glückstag haben.
Polizisten sind das Beste, was ich kenne –
gleich nach Rhabarbergrütze."

Sie ging den Polizisten entgegen und strahlte
vor Entzücken über das ganze Gesicht.

„Bist du das Mädchen,
das in die Villa Kunterbunt eingezogen ist?",
fragte einer der Polizisten.
„Im Gegenteil", sagte Pippi.
„Ich bin eine ganz kleine Tante,
die in der dritten Etage
am anderen Ende der Stadt wohnt."

Pippi sagte das nur, weil sie einen Spaß machen wollte.
Aber die Polizisten fanden das durchaus nicht lustig.
Sie sagten, Pippi solle nicht versuchen,
Witze zu machen.

Und dann erzählten sie,
gute Menschen in der Stadt hätten dafür gesorgt,
dass Pippi einen Platz im Kinderheim bekäme.

Lest mehrmals um die Wette. Stoppt die Zeit.

„Ich hab schon einen Platz in einem Kinderheim", sagte Pippi.
„Was sagst du, ist das schon geregelt?",
fragte der eine Polizist. „Wo ist das Kinderheim?"

„Hier", sagte Pippi stolz.
„Ich bin ein Kind, und das hier ist mein Heim,
also ist es ein Kinderheim.
Und Platz habe ich hier. Reichlich Platz."

Astrid Lindgren

Textwerkstatt S. 141

135

Die Geschichte vom Löwen, der nicht schreiben konnte

Der Löwe konnte nicht schreiben.
Aber das störte den Löwen nicht,
denn der Löwe konnte brüllen und Zähne zeigen.
Und mehr brauchte der Löwe nicht.

Eines Tages traf er eine Löwin.
Die Löwin las in einem Buch und war sehr schön.
Der Löwe ging los und wollte sie küssen.
Aber dann blieb er stehen und dachte nach.
Eine Löwin, die liest, ist eine Dame.
Und einer Dame schreibt man Briefe.
Bevor man sie küsst. Das hatte er von einem Missionar gelernt,
den er gefressen hatte.
Aber der Löwe konnte nicht schreiben.

Also ging er zu dem Affen und sagte:
„Schreib du mir einen Brief für die Löwin!"

„Liebste Freundin, wollen Sie mit mir
auf die Bäume klettern? Ich hab auch Bananen.
Total lecker! Gruß Löwe."

„Aber neiiiiiin!", brüllte der Löwe, „So etwas hätte ich
doch nie geschrieben!"
Und der Löwe zerriss den Brief. Dann ging er
hinunter zum Fluss. Dort musste
das Nilpferd einen neuen Brief schreiben.

„Liebste Freundin, wollen Sie mit mir
im Fluss schwimmen und nach Algen
tauchen? Total lecker! Gruß Löwe."

„Neiiiiiin!", brüllte der Löwe, „So etwas hätte ich doch nie geschrieben!"

Und noch am selben Abend war der Mistkäfer dran.
Der Käfer gab sich mächtig Mühe und machte auch Parfüm auf das Papier.
Am nächsten Tag ging der Löwe mit dem Brief zur Post und kam an der Giraffe vorbei.
„Puh was stinkt hier?", wollte die Giraffe wissen.
„Der Brief!", sagte der Löwe. „Es ist Käferparfüm dran!"
„Ach", sagte die Giraffe, „das würde ich gerne einmal lesen!"
Und die Giraffe las:

„Liebste Freundin, wollen Sie mit mir auf der Erde kriechen?
Ich habe Dung! Total lecker! Gruß Löwe."

„Aber Neiiiiiin!", brüllte der Löwe,
„So etwas hätte ich doch nie geschrieben!"
Jetzt reichte es aber!

„Nein!" ... brüllte der Löwe. „Neiiiiiin! Nein! und nochmals Nein!"

„Ich würde ihr schreiben, wie schön sie ist.
 Ich würde ihr schreiben, wie gerne ich sie sehen würde.
  Einfach nur zusammen sein.
   Einfach faul unter einem Baum liegen.
    Einfach in den Abendhimmel gucken!
    Das kann doch nicht so schwer sein!"
   Und dann brüllte der Löwe los.
   Brüllte all die wunderbaren Dinge,
    die er schreiben würde, wenn er könnte.
  Aber der Löwe konnte ja nicht.
 Und so brüllte er noch eine Weile.

Martin Baltscheit

Seite **106** **Wörter-Spielwiese**

Lies Tinos Zungenbrecher. Lies ihn immer schneller.
Und das bedeutet er auf Deutsch:
   Der Papst wiegt den Pfeffer in Pisa,
   Pisa wiegt den Pfeffer für den Papst.
Kennst du auch einen Zungenbrecher aus Bayern?

Seite **107** **Rondo**

Schreibe selbst ein Rondo.

1. Zeile: Ein kleiner Hase.
2. Zeile: ???
3. Zeile: Ein kleiner Hase.
4. Zeile: ???
5. Zeile: Ein kleiner Hase.

Seite **108** **Ich – Du – Wir**

Was machen Menschen, die du gern hast, für dich?
Schreibe selbst ein Gedicht oder eine Geschichte.
Lies deinen Text einem Partnerkind vor.

Seite **109** **Paul will auch eine Bande**

Stelle dir vor, Boris und Paul finden auch einen Schatz.
Wie könnte die Geschichte dann weitergehen?
Erzähle oder schreibe es auf und lies es der Klasse vor.

Seite **110** **Herbst**

Überlegt euch Bewegungen und Klänge zu den Gedichten.

Seite **111** **Sankt Martin**

Hast du schon einmal etwas Ähnliches getan? Erzähle davon.

Seite **113** **Aus einem Tierlexikon**

Suche dir ein Tier aus. Erstelle einen Steckbrief.
Nutze ein Kinderlexikon oder ein Sachbuch. Du kannst auch gemeinsam mit einem Erwachsenen im Internet suchen.
Stelle dein Tier der Klasse vor.

Textwerkstatt

Seite **114** **Wörterspielabend**

Sieh dir das Wörterspiel auf Seite 114 genau an.
Versuche es nun mit Tinas Wort.
Achtung: Am Anfang schreibst du jedes Wort groß!

1. Zeile:	Ritterschlosstür
2. Zeile:	? ? ?
3. Zeile:	Ritterschlosstür
4. Zeile:	? ? ?
5. Zeile:	Ritterschlosstür

Seite **115** **Der letzte Drache**

Hast du alles richtig verstanden?
Besprich unbekannte Wörter mit einem Partnerkind.

Seite **116** **Vier Lichter**

Lerne das Gedicht auswendig. Setze dir ein Ziel:
„Morgen möchte ich das Gedicht in der Klasse vortragen."
Wie klingt es am besten?
Probiere: Mal laut – mal leise, mal schnell – mal langsam,
mal fröhlich – mal aufgeregt, mal geduldig – mal ungeduldig.

Seite **117** **Wie die Menschen feiern**

Tina, Tino, Kemal und Lea erzählen von verschiedenen Festen.
Wähle ein Fest aus. Finde heraus, warum es gefeiert wird.

Seite **118** **Zeiten und Räume**

Wann vergeht für dich die Zeit besonders schnell?
Wann vergeht sie besonders langsam?

Die Zeit vergeht schnell, …	Die Zeit vergeht langsam, …
wenn ich …	wenn ich …

Lies deine Aussagen einem Partnerkind vor.
Vergleicht eure Aussagen und erzählt etwas dazu.

Textwerkstatt

Seite 120 **Wunder des Alltags**

Mit Instrumenten könnt ihr Geräusche zu Gefühlen machen.
Probiert gemeinsam:

- Mit welchen Instrumenten könnt ihr Wut, Freude oder Aufregung ausdrücken?

Versucht dabei auch, die Instrumente mal lauter und leiser, mal schneller und langsamer zu spielen.

Seite 121 **Das bin ich**

Jeder Mensch ist anders als die anderen.
Und das ist gut so.
Sonst wäre es ja langweilig!
Male auf ein Blatt Papier ein Bild von dir oder klebe ein Foto darauf. Schreibe darunter, was du an dir besonders magst.

Seite 123 **Kinderspiele aus anderen Ländern**

Fingerhakeln, Eierlaufen … Was ist dein Lieblingsspiel?
Erzähle in der Klasse, wie es gespielt wird. Überlege vorher:

- Wie viele Kinder können mitspielen?
- Spielt man es draußen oder drinnen?
- Was braucht man für dieses Spiel?

Seite 124 **Klappern und Ratschen**

Finde heraus, welche Osterbräuche es noch gibt.
Stelle in der Klasse vor, was du herausgefunden hast.

Seite 125 **Zum Muttertag**

Schreibe das Gedicht in deiner schönsten Schrift.
Gestalte ein Schmuckblatt.

Seite 126 **Was ist Pantomime?**

Versuche selbst einmal, Theater ohne Worte zu spielen:

- Du isst ein großes Eis. Danach hast du Bauchweh.
- Du gehst mit einem Hund Gassi. Er zerrt an der Leine.

Du kannst dir auch etwas anderes ausdenken und vorspielen.
Lass die anderen raten, was du gespielt hast.

Textwerkstatt

Seite **127** — **Ein Rollenspiel: Wer sitzt neben Julia?**
Wie könnte die Geschichte weitergehen? Besprecht eure Ideen in Gruppen. Einigt euch auf eine Geschichte.
Spielt eure Geschichte der Klasse vor.

Seite **129** — **Wälder und Wiesen**
Wie kannst du die Natur schützen?
Sammle Informationen in Sachbüchern oder im Internet.
Gestalte gemeinsam mit einem Partnerkind ein Plakat.

Seite **130** — **Wie wir leben**
Lies einen der Texte deinem Partnerkind vor.
Stelle dann eine Frage zum Text:
- Wie heißt die Schwester von Aseye aus Ghana?
- Warum ist es in Meenas Haus in Indien so laut?

Seite **131** — **Für jeden die Hälfte**
Was teilst du mit deinen Geschwistern, Freunden und Klassenkameraden? Machst du das immer gern?

Seite **133** — **Die Flaschenpost**
Gestalte gemeinsam mit einem Partnerkind ein Rätsel.
Verschickt euren eigenen Flaschenpost-Brief.

Seite **135** — **Pippi bekommt Besuch**
Spielt die Szene nach. Was sagen die Figuren?
Wie sollen sie sprechen und sich bewegen?

Seite **137** — **Die Geschichte vom Löwen, der nicht schreiben konnte**
Wie gefällt dir die Geschichte?

Lest den Text mit verteilten Rollen.
Lest ihn so, dass man sich vorstellen kann,
wie sich der Löwe fühlt.

Stelle dir vor, du bist der Löwe. Was würdest du schreiben? Schreibe einen Brief an die Löwin.

Textwerkstatt

Inhaltsverzeichnis

Wörter-Spielwiese

	Zeichen, Buchstaben und Wörter entdecken	3
Schreibtabelle	Unsere Schreibtabelle	4/5
T – i – n – a – o	Tina, Tino	6/7, 8/9, 10/11
Vertiefung	Buchstabenspiele (Sp)	12

weiterführende Texte
→ **106–107**
Abzählverse, Zungenbrecher (Sp)
Rätsel (Sp)
Rondo (G)

Ich – Du – Wir

	Max und das Murks (KB)	13
N n	Stationenlauf mit allen Sinnen	14/15
A a – I i	In der Klasse	16/17
O o – T t	Beim Picknick	18/19
M m	Oma – Mama	20/21
Vertiefung	Silbenspiele (Sp)	22

weiterführende Texte
→ **108–109**
Wie's einem so geht (G)
Mein Vater (G)
Ich und du (G)
Der Brief (G)
Paul will auch eine Bande (KB)

Herbst

	Nur ein kleines Samenkorn (KB)	23
L l	Wir malen und basteln	24/25
S s	Unsere Drachen steigen	26/27
Vertiefung	Dominos (Sp)	28

weiterführende Texte
→ **110–111**
Herbstwind (G)
Die Vogelscheuche (G)
Der Schnupfen (G)
Sankt Martin (L)

Natur entdecken: Tiere

	Mein Hund Oskar (KB)	29
E e	Im Tierpark	30/31
P p	Bei Tino zu Hause	32/33
W w	Was wollen Polli und Pipo?	34/35
Vertiefung	Detektiv-Fragen	36

weiterführende Texte
→ **112–113**
Tier-Witze (Sp)
Klein, kleiner, am kleinsten (I)
Aus einem Tierlexikon:
Delfine – Haie (I)

Räuber-Märchen

	Die drei Räuber (KB)	37
R r	Rosen – Ritter – Piraten?	38
Ei ei	Rolo rettet Rosali	39
D d	Eine Reise ins All	40/41
Vertiefung	Lese-Würfelspiel (S)	42

weiterführende Texte
→ **114–115**
Ein Rätsel für Rabauken (G)
Wörterspielabend (Sp)
Der letzte Drache (KB)

Winter

	Im Winter ist es drinnen warm … (KB)	43
U u	An der Bushaltestelle	44/45
F f	Tinos Anruf	46/47
H h	Tino ist …	48
ie	Paola will helfen	49
Vertiefung	Unser Winterheft (B/E)	50

weiterführende Texte
→ **116–117**
Vier Lichter (G)
Dein Licht zum Verschenken (B/E)
Wie die Menschen feiern (I)

Zeiten und Räume

	… Sommer … Winter (KB)	51
Z z	Niemand hat Zeit	52/53
B b	Bei Tinas Bruder Leon	54/55
Ch ch	Wenn es Nacht ist in China	56/57
Vertiefung	Wenn es Nacht ist in China, …	58

weiterführende Texte
→ **118–119**
Lebenszeiten (I)
Zeit-Wörter (Sp)
Tina erzählt: So schnell kann ein Tag vergehen (I)

Zur Differenzierung
- Alle Texte, die mit diesem Jo-Jo 🟡 gekennzeichnet sind
- Alle Texte ohne Silbenmarkierung
- Alle Kapiteleinstiegs- und Kapitelabschlussseiten
- Textanteile in anderen Schrifttypen

Das bin ich

		Manchmal ist mein ICH … (KB)	59
Au au		Das ICH unter meiner Haut	60/61
K k		Kinder, Kinder …	62/63
Ö ö		Kartoffeln und Börek	64
Ü ü		Über unser Essen	65
Vertiefung		Wir erfinden Monster-Wörter (Sp)	66

weiterführende Texte
→ 120–121
Manchmal (G)
Ich (G)
Wunder des Alltags (G)
Tinos und Tinas Steckbrief:
Das bin ich (I)

Freizeit

		Fantasiereisen (KB)	67
Sch sch		Nach der Schule	68/69
G g		Simon gegen Andi	70
Ä ä		Augen-Rätsel	71
Vertiefung		Freizeit-Gedichte (G)	72

weiterführende Texte
→ 122–123
Meine freie Zeit (I)
Kinderspiele aus anderen
Ländern (S)

Frühling

		Aufruhr im Gemüsebeet (KB)	73
-h		An der alten Mühle	74/75
J j		Die schönste Zeit im Jahr	76
		Was macht das Wetter im Lirpa? (L)	77
Vertiefung		Wir basteln ein Amselnest (B/E)	78

weiterführende Texte
→ 124–125
Klappern und Ratschen (I)
Das Ei (G)
Ostereier-Leporello (B/E)
Zum Muttertag (G)

Vorhang auf!

		Sehr geehrtes Publikum! (G); (KB)	79
Sp sp – St st		Was für ein Theater!	80/81
ck		Picknick auf der Brücke	82/83
Vertiefung		Masken für das Picknick der Tiere (B/E)	84

weiterführende Texte
→ 126–127
Was ist Pantomime? (I)
Ein Rollenspiel: Wer sitzt
neben Julia? (KB)

Natur entdecken: Pflanzen

		Ritter Rüstig und Ritter Rostig (KB)	85
Pf pf		Sommer im Topf	86
tz		So setzen die Kinder die Samen ein (B/E)	87
chs		Können Knöpfe wachsen?	88
V v		Von Kuhblume und Butterblume	89
Vertiefung		Wildblumen-Karten (B/E)	90

weiterführende Texte
→ 128–129
Feld mit Mohn (K)
Wörter-Pflanzen (Sp)
Kleeblattl (G)
Wälder und Wiesen (I)

Wie wir leben

		Papa Sumo (KB)	91
Eu eu		Tinos neues Spielzeug – Der Streit	92/93
nk		Wer hilft wobei?	94
ng		Tina erzählt von ihrer Familie	95
ß		Tino erzählt von seiner Familie	96
Y y		Mein Opa	97
Vertiefung		Wir schreiben über unsere Familien (I)	98

weiterführende Texte
→ 130–131
Familien in anderen Ländern
und in Deutschland (I)
Für jeden die Hälfte (KB)

Sommer

		Der wasserdichte Willibald (KB)	99
Äu äu – C c		Wir sammeln Geräusche (B/E)	100/101
Vertiefung		Feriengrüße an Tina (I)	102

weiterführende Texte
→ 132–133
Ferientagebuch (I)
Die Flaschenpost (KB)

Ich liebe Bücher

		In der Bücherei	103
Qu qu – X x		Besuch in der Bücherei	104/105

weiterführende Texte
→ 134–137
Pippi bekommt Besuch (KB)
Die Geschichte vom Löwen, der
nicht schreiben konnte (KB)

Textwerkstatt 138–141

Legende
B/E: Basteln/Experimentieren   G: Gedicht   I: Information   K: Kunstwerk
KB: Kinderbuchauszug   L: Lied   S: Spiel   Sp: Sprachspiel

**Fibel
Grundschule Bayern**

Ein Leselehrgang von Nicole Namour

Bearbeitet von Andrea Wimmer (Bad Feilnbach) auf Basis der Ausgabe 2011

Unter Begutachtung von Ulrike Lehl, Augsburg
Dietmar Pfifferling, Pempfling
Ute Schinko, Lindenberg i. Allgäu

Redaktion Monika Gade, Annette Huppertz, Maike Bachmann-van Helt
Illustrationen Thorsten Saleina, Hamburg (Umschlag und Innenteil); Maria Aurelio, Berlin (Innenteil)
Gesamtgestaltung Heike Börner, Berlin
Technische Umsetzung fidus Publikations-Service, Nördlingen
Notensatz Kontrapunkt Satzstudio, Bautzen

Text- und Liedquellen

3 Döhl, Reinhard: Apfel. Aus: Eugen Gomringer (Hrsg.): Konkrete Poesie. Deutschsprachige Autoren. Stuttgart: Philipp Reclam jun. 1972. – **Jandl, Ernst:** ottos mops (gek.). Aus: Klaus Siblewski (Hrsg.): Ernst Jandl: Poetische Werke. München: Luchterhand Literaturverlag 1997. **72 Anger-Schmidt, Gerda:** Die Elefanten (gek.). Aus: Der Hund ist rund – na und? Wien: Dachs Verlag 2006. **73 Nordqvist, Sven:** Aufruhr im Gemüsebeet (Auszug, bearb. u. gek.). Übersetzt von Angelika Kutsch. Hamburg: Verlag Friedrich Oetinger 1991. **77 Kretzschmar, Günther:** Was macht das Wetter im Lirpa? Aus: Ting tang tonung. Wolfenbüttel: Karl Heinrich Möseler Verlag 1984. **89 Guggenmos, Josef:** Der Löwenzahn. Aus: Groß ist die Welt. Beltz & Gelberg in der Verlagsgruppe Beltz, Weinheim/Basel 2006. **90 Ringseis, Franz:** Gänsebleame kloans (gek.). Aus: Augnstern, i hab di gern. Pfaffenhofen: W. Ludwig Verlag 1980. – **Waggerl, Karl Heinrich:** Die Distel. Aus: Heiteres Herbarium. Salzburg: Otto Müller Verlag 1986. **91 Pin, Isabel:** Papa Sumo (gek. u. bearb.), übersetzt von Thomas Minssen. © Bajazzo Verlag in der Verlagsgruppe Beltz, Weinheim/Basel 2005. **93 Schwarz, Regina:** Meine Schwester und ich (gek. um 1 Strophe). Aus: Hans-Joachim Gelberg (Hrsg.): Überall und neben dir. Beltz & Gelberg in der Verlagsgruppe Beltz, Weinheim/Basel 1994. **98 Schubiger, Jürg:** Mit meiner Mutter. Aus: Der Wind hat Geburtstag. Wuppertal: Peter Hammer Verlag 2010. – **Sommer-Bodenburg, Angela:** Wenn meine Eltern streiten. Aus: Ich lieb dich trotzdem immer. Köln: Gertraud Middelhauve Verlag 1984. © Angela Sommer-Bodenburg. **99 Herfurtner, Rudolf:** Der wasserdichte Willibald (gek.). München: Deutscher Taschenbuch Verlag 2002. **107 Anger-Schmidt, Gerda:** Sommer sucht Sprosse (gek.); Das Gnu. Aus: Alles in Butter, liebe Mutter. Wien: Dachs Verlag 1998. **108 Anger-Schmidt, Gerda:** Ich und du. Aus: Der Hund ist rund – na und? Wien: Dachs Verlag 2006. – **Guggenmos, Josef:** Der Brief. Aus: Was denkt die Maus am Donnerstag? Beltz & Gelberg in der Verlagsgruppe Beltz, Weinheim/Basel 1994. – **Schubiger, Jürg:** Wie's einem so geht. Aus: Der Wind hat Geburtstag. Wuppertal: Peter Hammer Verlag 2010. – **Schwarz, Regina:** Mein Vater. Aus: Hans-Joachim Gelberg (Hrsg.): Überall und neben dir. Beltz & Gelberg in der Verlagsgruppe Beltz, Weinheim/Basel 1994. **109 Geisler, Dagmar:** Paul will auch eine Bande (Auszug, gek.). Hamburg: Verlag Friedrich Oetinger 2007. **110 Heine, Helme:** Die Vogelscheuche. Aus: Gruß und Kuss. Köln: Gertraud Middelhauve Verlag 1988. – **Morgenstern, Christian:** Der Schnupfen. Aus: Heinz Janisch, Christine Sormann (Hrsg.): MorgenNatz und RingelStern. Wien/München: Annette Betz Verlag im Verlag Carl Ueberreuter 2005. – **Ullmann, Günter:** Herbstwind. Aus: Hans-Joachim Gelberg (Hrsg.): Überall und neben dir. Beltz & Gelberg in der Verlagsgruppe Beltz, Weinheim/Basel 1994. **111 Krenzer, Rolf (Text), Janssens, Peter (Musik):** Ein armer Mann (Lied; gek.). Aus: Kommt alle und seid froh! Telgte: Peter Janssens Musik Verlag 1982. **115 Grolik, Markus:** Der letzte Drache (gek.). Aus: Kleine Rittergeschichten. München: arsEdition 2006. **116 Roß, Gabriele:** Vier Lichter (Überschrift hinzugefügt). Aus: Tabaluga. Mein schönstes Weihnachtsbuch. Augsburg: Pattloch Verlag 1996. **118 Damm, Antje:** Schildkröten/Eintagsfliegen. Aus: Alle Zeit der Welt. Frankfurt a.M.: Moritz Verlag 2007. **120 Holy, Claudia:** Manchmal. Aus: Hans-Joachim Gelberg (Hrsg.): Was für ein Glück. 9. Jahrbuch der Kinderliteratur. Beltz & Gelberg in der Verlagsgruppe Beltz, Weinheim/Basel 1994. – **Manz, Hans:** Wunder des Alltags. Aus: Hans-Joachim Gelberg (Hrsg.): Überall und neben dir. Beltz & Gelberg in der Verlagsgruppe Beltz, Weinheim/Basel 1994. – **Spohn, Jürgen:** Ich. Aus: Drunter und drüber. München: Bertelsmann Verlag 1980. **125 Bydlinski, Georg:** Zum Muttertag. Aus: Die bunte Brücke. Freiburg/Basel/Wien: Verlag Herder GmbH 1992. **124 Metze, Wilfried:** Das Ei (Originalbeitrag). **127 Tollmien, Cordula:** Wer sitzt neben Julia? (gek.). Aus: Kleine Schulgeschichten. München: arsEdition 2006. **128 Ringseis, Franz:** Kleeblattl (gek.). Aus: Augnstern, i hab di gern. Pfaffenhofen: W. Ludwig Verlag 1980. **131 Uebe, Ingrid:** Für jeden die Hälfte (gek.). Aus: Geschwistergeschichten. Bindlach: Loewe Verlag 2009. **132 Pölking, Moses:** Aus meinem Urlaubstagebuch (Originalbeitrag). **133 Funke, Cornelia:** Die Flaschenpost (gek.). Aus: Leselöwen-Strandgeschichten. Bindlach: Loewe Verlag 2007. **134/135 Lindgren, Astrid:** Pippi bekommt Besuch (Auszug). Aus: Pippi Langstrumpf. Deutsche Übersetzung von Cäcilie Heinig. Hamburg: Verlag Friedrich Oetinger 2007. **136/137 Baltscheit, Martin:** Die Geschichte vom Löwen, der nicht schreiben konnte (Auszug, gek.). Weinheim: © Bajazzo Verlag in der Verlagsgruppe Beltz, Weinheim/Basel 2002.

Bildquellen

3 Die BuchstaBilder wurden zur Verfügung gestellt vom Verlag Schöner Lernen, Frankfurt. **13** Illustrationen von Betina Gotzen-Beek, aus: Max und das Murks © Verlag Friedrich Oetinger, Hamburg 2013. **13 u.r.** © Verlag Friedrich Oetinger, Hamburg 2013. **23 o.** Meer: © Alexey Fursov – iStockphoto.com; Wüste: © -kuba- – iStockphoto.com; Acker: © Volker Rauch – iStockphoto.com. **23 m.** und **u. Eric Carle:** Nur ein kleines Samenkorn. In: Bilderbuchschatz © 2009 Gerstenberg Verlag, Hildesheim. **25** Aus Susanne Riha: Das kleine Eichhörnchen © 1990 Annette Betz at Ueberreuter Verlag GmbH, Berlin. **29** Caroline Heens: Mein Hund Oskar. Aus dem Niederländischen von Saskia Heintz © 2010 Carl Hanser Verlag München. **32 o.r** © CrazySun – iStockphoto.com. **37** Aus Tomi Ungerer: Die drei Räuber © 1963, 2011 Diogenes Verlag AG Zürich. **37 m.r.** © DREI RÄUBER KOPRODUKTIONS GbR. **38 u.l.** Cover: Grimms Märchen mit Illustrationen von Charlotte Dematons © S. Fischer Verlag GmbH, Frankfurt am Main 2013, erstmals erschienen 2011 bei sauerländer audio. **40/41** © Oliver Wenniges, Münster. **43** Illustration von Reinhard Michl, aus: Es klopft bei Wanja in der Nacht © Ellermann im Dressler Verlag, Hamburg 1985. **48** © Heidi Mosteller – iStockphoto.com. **50** Schneehase: © photos_martYmage – iStockphoto.com; Schafe: Anthony Brown – iStockphoto.com; Eichhörnchen: © asm_Zealot – iStockphoto.com; Eislaufen: © Focus_on_Nature – iStockphoto.com. **51** Arnold Lobel: Das große Buch von Frosch und Krote. © der deutschsprachigen Ausgabe: 1995, 1996, 1998 Deutscher Taschenbuch Verlag, München. **59 o.** und **m.** © 1996 by Steve Johnson and Lou Fancher. **59 u.r.** Coverartwork nach Seuss: Jeder Tag hat eine Farbe, erschienen im cbj Verlag, München, in der Verlagsgruppe Random House GmbH. **67** Heinz Janisch, Søren Jessen: Jumbojet © 2009 Bajazzo in der Verlagsgruppe Beltz, Weinheim/Basel. **71 u.r.** ddp images. **73** © Illustrationen von Sven Nordqvist © Verlag Friedrich Oetinger, Hamburg. **75** Krokus: © 1stGallery – iStockphoto.com; Tulpen: © Alexander Breier – iStockphoto.com; Narzissen: © Andreas Kaspar – iStockphoto.com. **79** Bernhard Lins/Marlies Rieper-Bastian: Kindertheater aus der Märchenwelt. 13 kurze Rollenspiele, 3. Auflage 2011, Erstausgabe © Annette Betz Verlag im Verlag Carl Ueberreuter, Wien – München 2006. **80 o.r.** Nach dem Werk: Ottfried Preußler „Das kleine Gespenst", mit Illustrationen von F.J. Tripp © by Thienemann Verlag GmbH, Stuttgart/Wien, www.thienemann.de, © Augsburger Puppenkiste®. **80 u.l.** © Universum Film/Claussen+Wöbke+Putz Filmproduktion. **80 u.m.** © Der Audio Verlag. **80 u.r** Otfried Preußler „Das kleine Gespenst", © by Thienemann Verlag GmbH, Stuttgart/Wien, www.thienemann.de. **81 o.** und **m.** action press/HOFAUER, BERNHARD/Nach dem Werk: Michael Ende „Jim Knopf und Lukas der Lokomotivführer", mit Illustrationen von F.J. Tripp © by Thienemann Verlag GmbH, Stuttgart/Wien, www.thienemann.de, © Augsburger Puppenkiste®. **81 u.r.** ullstein bild – Zapf. **85** Ritter Rüstig und Ritter Rostig, erzählt und illustriert von Binette Schröder © 2009 NordSüd Verlag AG, Zürich/Schweiz. **87** © Ernst W. Breisacher – iStockphoto.com. **88** Ochsenauge: © lochstampfer – Fotolia.com; Käsepappel: © scarlet61 – Fotolia.com; Wiesenknopf: © Prill Mediendesign & Fotografie – iStockphoto.com. **91** Isabel Pin: Papa Sumo © 2005 Bajazzo in der Verlagsgruppe Beltz, Weinheim/Basel. **98 o.l.** © Moses Pölking, Berlin. **98 o.r.** © SvetlanaFedoseyeva – shutterstock.com. **98 m.r.** mauritius images/ib/Olaf Schubert. **99** Rudolf Herfurtner: Der wasserdichte Willibald. Illustrationen von Oliver Wenniges. © 2002 Deutscher Taschenbuch Verlag, München. **102** © TrapNest – shutterstock.com. **103 von l.o. nach r.u.** Annika Siems: Meister der Tarnung © 2012 Gerstenberg Verlag, Hildesheim; Anke M. Leitzgen, Lisa Rienermann: Erforsche deine Welt. © 2011 Beltz & Gelberg in der Verlagsgruppe Beltz, Weinheim/Basel; Das große Hausbuch der Natur von Marion Clausen, Katharina Tebbenhoff und Renate Seelig © S. Fischer Verlag GmbH, Frankfurt am Main 2013, erstmals erschienen 2002 im Patmos Verlag; Hanna Schott: Tuso. Eine wahre Geschichte aus Afrika. Bilder von Franziska Junge. © 2009 by Klett Kinderbuch, Leipzig; Bart Moeyaert: Mut für drei. Mit Illustrationen von Rotraut Susanne Berner © 2008 Carl Hanser Verlag, München; Jochen Till: Raubritter Rocko und die verflixte Flugstunde. Mit Illustrationen von Zapf. © 2013 Tulipan Verlag GmbH Berlin; Hans-Joachim Gelberg (Hrsg.): Wo kommen die Worte her? © 2011 Beltz & Gelberg in der Verlagsgruppe Beltz, Weinheim/Basel; Gudrun Likar: Prinzessin Fibi und der Drache. Mit Illustrationen von Sabine Büchner. © 2009 Tulipan Verlag GmbH Berlin; Lorenz Pauli/Kathrin Schärer: PIPPILOTHEK??? – Eine Bibliothek wirkt Wunder © 2011 Atlantis, ein Imprint der Orell Füssli Verlag AG, Schweiz; Das kleine Museum © Moritz Verlag. **107** Illustrationen aus: Alles in Butter, liebe Mutter von Gerda Anger-Schmidt und Birgit Antoni © S. Fischer Verlag GmbH, Frankfurt am Main 2013, erschienen 1998 im Dachs Verlag. **109** © Dagmar Geisler. **111** Johann Jilka, Altenstadt. **113** Delfin: © Mariusz Prusaczyk – shutterstock.com. Hai: © Predrag Vuckovic – shutterstock.com. **115** © Illustrator und Autor Markus Grolik aus Kleine Rittergeschichten, ars edition 2001. **116 o.** © akg-images. **116 u.** PROFIL Fotografie Marek Lange. **117 o.** © dpa Picture-Alliance/Okapia/Erich Geduldig. **117 m.** © tulcarion – iStockphoto.com. **117 u.** © Eddie Gerald/Alamy. **118** Aus: Antje Damm: Alle Zeit der Welt. © 2007 Moritz Verlag, Frankfurt am Main. **122 o.r.** mauritius images Alamy. **122 m.l.** © greenland – shutterstock.com. **122 u.l.** Imagebroker RM/F1online. **124** mauritius images United Archives. **126 o.** © ArtFamily – shutterstock.com. **126 u.** © dpa Picture-Alliance/Hahn Lionel. **128** akg-images/Erich Lessing. **129 o. und u.** © Alexandra Lande – shutterstock.com. **129 m.** © Aleksander Bolbot – shutterstock.com. **130 o. und m.** Barnabas Kindersley © Dorling Kindersley. **130 u.** Glow Images/StatpixB. **131** Illustrationen aus der Geschichte „Für jeden die Hälfte", aus: Ingrid Uebe: Kleine Lesetiger Geschwistergeschichten, illustriert von Irmgard Paule © 2003 Loewe Verlag GmbH, Bindlach. **132 o. und m.** © Moses Pölking, Berlin. **132 u.** mauritius images Alamy. **133** Illustrationen aus der Geschichte „Die Flaschenpost", aus: Cornelia Funke: Leselöwen Strandgeschichten, illustriert von Karin Schliehe und Bernhard Mark © Loewe Verlag GmbH, Bindlach. **134 o.** © Verlag Friedrich Oetinger, Hamburg. **134 u./135** Illustrationen von Kathrin Engelking, aus: Pippi Langstrumpf © Verlag Friedrich Oetinger, Hamburg 2007.